윤박사의 박물관 이야기

유물의 속삭임

책제목 | 유물의 속삭임
저자 | 윤국영
발행일 | 2025년 3월 15일

펴낸이 | 윤환
출판사 | 굿스펠디자인
연락처 | 010.3223.3102
신고번호 | 제2025-000003호
주소 | (03122) 서울, 종로구 율곡로14길 10, 7층 (연건동)

ISBN | 979-11-991166-0-3 (03900)

유물의 속삭임

박물관이 들려주는 인류문명의 비밀

추천사

성일광 교수 (서강대학교 유로메나연구소)

중동의 문화는 그 뿌리가 대단히 깊고 복잡합니다. 중동의 대부분 지역은 오늘날까지 천삼백여 년 넘게 이슬람의 통치 아래 아랍 문명권을 유지하고 있습니다. 그러나 오늘날 축적된 중동의 문화와 역사는 비단 아랍 문명으로만 이루어진 결과는 아닐 것입니다. 서기 7세기 아랍 문명의 등장 이전 로마-비잔틴, 헬라, 페르시아, 메소포타미아, 이집트 등 수천 년을 거슬러 올라가는 고대 문명의 보이지 않는 영향이 여전히 각 지역에 살아 숨 쉬는 것을 느끼곤 합니다.

지난 수년간 긴박하게 치달아 온 팔레스타인 지역의 전쟁 상황도 수천 년 전 역사와 무관하지 않습니다. 시리아와 이라크 지역의 불안정, 그리고 그 주변 지역과의 역학 관계를 보면, 이미 수천 년 전부터 보아온 지정학적 패턴이 반복되는 듯한 느낌을 받곤 합니다. 아랍 문화뿐만 아니라 그 이전 문화와 배경에 대한 지식이 오늘날의 중동을 이해하는 데 꼭 필요한 이유입니다.

이런 의미에서 윤국영 박사의 책은 환영받을 만합니다. 최근 연일 신문 지면에 등장하는 이스라엘과 시리아 및 인근 총 9개 나라의 주요 국립 박물관 유물을 통해 아랍 시대 이전, 찬란했던 각 지역의 문화와 배경을 간결하면서도 특징 있게 소개합니다. 수천 년의 복잡한 역사를 배경으로 하지만 일반 대중이 다가가기에 어렵지 않을 것입니다. 중동의 오랜 역사-문화적 뿌리를 이해하는데 좋은 길잡이가 되리라 확신합니다.

프롤로그

    이 책은 지중해 동쪽 지역에 있는 아홉 국가의 국립 박물관을 소개한다. 지난해 가을, 매주 일회씩 라이브 방송으로 총 11회에 걸쳐 이들 박물관을 온라인으로 둘러보며 소개했고, 이를 책으로 엮어 출간하게 되었다. 나라별로 조금씩 예외는 있지만 역사가 시작된 초기 청동기 시대 전후부터 로마 제국이 지중해 전역을 장악한 때까지를 주로 다루려 한다.

    이 책은 남쪽에서 북쪽으로 전개된다. 아프리카 대륙 이집트를 시작으로 아시아에서 이스라엘, 요르단, 레바논, 시리아, 이라크, 그리고 이란의 순서를 거쳐 오늘날 유럽에 속한 키프로스와 튀르키예까지 고고학 박물관 탐방이 이어질 것이다. 마지막 장은 고대와 현대가 이어지는 모습을 생생한 삶으로 보여주는 이스라엘의 유대민족 박물관으로 잡았다. 인접한 나라의 비슷한 듯 다른 문화가 줄줄이 고리로 서로 연결되어 한 폭의 아름다운 모자이크로 그려질 수 있기를 기대한다.

    박물관들이 위치한 아홉 나라는 대부분 메나MENA 지역이라고 불리는 중동 북아프리카 지역이면서 동지중해 지역에 속한다. 동지중해권에 속하는 튀르키예와 키프로스는 일반적으로 메나 지역에는 포함되지 않지만 메나 지역과 강력한 지정학적, 역사문화적 연결성을 보인다. 이 책에서는 이 아홉 나라가 위치한 지리적 범위를 동지중해 메나 지역으로 통칭하기로 한다.

동지중해 메나 지역의 나라들은 수천 년간 거대한 인류문명을 낳고 발전시켜 서구 헬라-로마 문명과 이슬람 문명에 전달한 장엄한 현장이다. 그러나 지금의 중동 지역은 피비린내 나는 분쟁에 휘말려 평화가 요원하다. 위대한 문명의 자취는 종종 수탈되거나 파괴되었고, 이데올로기의 수단이 되기도 했다.

비록 직접 방문하기에는 기약이 멀지만, 책을 통해 이들 박물관을 함께 둘러보고, 지역마다 꽃피운 다채롭고 강렬한 문명을 짧게나마 감상하고자 한다. 그 꽃들이 한데 모여 이루어내는 찬란한 인류문명의 하모니도 함께 느낄 수 있기를 기대한다.

오늘날 각 나라는 자국의 영토에서 피고 진 문명들을 어떻게 바라보는가. 그 시각은 국립 박물관에서 무엇을 어떻게 전시할 것인가에 영향을 준다. 예를 들어, 2,000년 만에 다시 세워진 이스라엘은 국민을 하나로 묶을 최상위 가치인 성경과 성전을 부각하고자 사해사본 박물관을 운영하고 2차 성전시대의 예루살렘 모형을 전시하고 있다. 베이루트 박물관에 들어서면 과거 페니키아 왕들의 찬란한 석관과 유물이 방문객을 압도한다. 작지만 무역과 문화에 능했던 저들의 흔적을 통해 동지중해의 경제 및 문화 강국으로 다시금 발돋음하기 원하는 염원이 담겨 있으리라 본다. 사담 후세인도 스스로를 고대 바빌론 제국의 영광을 재현할 느부갓네살이라 여기고 이라크 박물관 발전에 혼신의 힘을 쏟았다. 긍정적이든 부정적이든, 박물관에는 건립자의 미래관이 투영되어 있다. 현재가 과거에 기대하는 바가 투사된다.

그렇다면 박물관의 유물들은 우리에게 무엇을 기대하는가. 과거는 현재에 기대한다. 박물관은 과거가 현재에게 무엇을 기대하는지 보여주는 곳이다. 위대한 아시리아의 정복자는 화려한 건축과 승전비를 통해 자신이 영원히 기억되기를 기대한다. 억눌린 무명의 민중이 남긴 초라한 생활 도구는 비참한 삶을 후대에 절규하며 고발한다. 영원의 문 앞에 들어서리라 소망하는 파라오의 미라는 죽음 앞에 선 자신의 비통함과 간절함이 후세에 알려지기를 요청한다. 고대 이란의 네스토리안 교회 유적은 예수의 뜻이 장차 동방으로 널리 전파되기를 기대한다. 박물관의 유물은 앞서 살았던 이들이 우리에게 기대하는 바가 무엇인지 알려주기 원한다.

올겨울에는 유독 눈이 많이 내렸다. 박물관이 보여주는 과거의 모습은 마치 늦겨울 하얀 눈이 얼룩져 녹아내리는 들판과 같다. 눈에 뒤덮인 응달이 있는가 하면, 한낮 햇살에 땅이 훤히 드러난 곳도 있다. 눈이 조금씩 녹으며 더 온전히 알게 되듯, 끊임없는 탐구로 과거의 실체가 더 온전히 드러나기도 한다. 물론 여전히 세월이라는 눈더미 아래 깊이 덮여 있는 부분도 있을 것이다. 박물관은 가능한 한 온전히 과거의 모습을 제시하여 방문객이 각자의 관점으로 과거의 기대에 응답할 수 있도록 해야 할 것이다. 그러나 과거가 현재에 기대할지라도 여전히 모르는 부분은 모르는 채로 남을 수밖에 없다. 이러한 점에서 박물관의 유물은 현재에 또한 겸손을 요구한다. 모른다고 없었다는 것은 아니니 아는 척하지 말고, 겸손해지라는 것이다.

    이제 겸손히 유물의 속삭임에 귀 기울여 보자. 아프리카, 아시아, 유럽이 만나는 동지중해 메나 지역으로 시공간을 넘어 떠나보자. 도심 속에서 바쁜 하루하루를 살아가는 현대인에게는 오늘과 내일이 중요하다. 오늘의 눈으로 과거를 바라보게 된다. 이제, 인류의 도시 문화가 처음 시작되었고 거대 종교와 문명이 소용돌이쳤던 그곳에서, 과거의 저 유물들이 우리에게 기대하는 바가 무엇인지 느껴 볼 수 있기를 바란다.

    이 책이 나오기까지 격려와 응원을 아낌없이 쏟아주신 씨디메스 유명종 대표님, 기술적 조언과 실무적 도움으로 든든하게 함께 해 주신 굿스펠디자인 윤환 대표님, 늘 훌륭한 인사이트로 문화사업의 지평을 넓혀 주시는 에듀트리 유영진 대표님, 격려와 추천사로 따뜻한 마음을 전해 주신 서강대 유로메나연구소 성일광 교수님께 심심한 감사의 마음을 전한다. 미처 지면을 통해 일일이 감사를 드리지 못하는 여러 분들께도 고마움을 전한다. 마지막으로 인생의 동반자인 사랑하는 아내와 아이들에게 감사와 사랑을 전한다.

윤국영
2025.03.

내용

추천사	4
프롤로그	6

동지중해 메나지역과 박물관　　17

박물관이란 무엇인가	18
왜 동지중해 메나 지역 국립 박물관인가	19
문명과 시간, 그리고 박물관	20
나라와 인종, 그리고 문화유산	23
메나 지역의 문화유산 모자이크	27

이집트 박물관　　31

파라오의 황금과 영원의 나라	32
무덤 속 고요히 잠자며	36
쿠푸의 아들 카프레의 석상	
붉은 관을 쓴 멘투호텝 2세의 좌상	
소년 왕 투탕카멘의 황금가면	
동서양 융합의 신 제우스-암몬 신상	
미라 위 파이윰 초상화	
고대 이집트의 영원성과 현대 이집트의 지속가능성	48

이스라엘 박물관 — 51

유라시아와 아프리카를 잇는 성경의 땅 — 52
신과 사람을 이야기하며 — 56
이목구비가 표현된 뼈 상자
하솔에서 나온 가나안 제의 유물
단에서 발견된 다윗 왕조 비문
아케메네스 페르시아의 공예품
유다 총독 본디오 빌라도 비문
고대 양피지 성경 사본
예수 시대 예루살렘의 축소판

역사적 정체성과 국가 정당성 — 74

요르단 박물관 — 77

사막, 문명, 그리고 태고의 만남 — 78
모래 바람을 견디며 — 81
아인 가잘에서 출토된 인형군
발루아 석비
모압 왕 메사의 기념 석비
나바테아 신전의 조디악 신상
성전 보물 지도 사해 구리 사본

환경 극복의 자부심과 사회 통합 과제 — 92

베이루트 박물관 **95**

페니키아인과 지중해의 바닷길 96

에메랄드 파도를 헤치며 99
신전에 바쳐진 소형 금속 인물상
세계 최대 규모의 페니키아 석관 컬렉션
영웅적 죽음을 묘사한 아킬레우스 석관

레바논이라고 쓰고 페니키아라 읽는다 106

다마스쿠스 박물관 **109**

고대 근동의 사통팔달 110

말발굽 메아리를 들으며 113
우가리트에서 출토된 가나안 신상들
두라 에우로포스 회당의 벽화
고대 시리아의 유리 제품

창조의 용광로, 내전의 용광로 124

이라크 박물관　　　　　　　　　　　**127**

메소포타미아 문명의 절대 권력　　　**128**

끝없는 지평선에 묻혀　　　　　　　**131**
이난나 신전을 묘사한 우루크 화병
아카드 왕의 구리 두상
신전을 수호하는 사자상
이슈타르 신전의 부조 벽화
사르곤 2세의 궁전 부조 벽화
바빌론 이슈타르 문의 채색 벽
복합 문화 하트라의 석상과 부조

권력의 영광과 수모　　　　　　　　**146**

이란 박물관　　　　　　　　　　　**149**

페르시아의 영광과 아케메네스 왕조　**150**

고원의 침묵을 읊조리며　　　　　　**154**
초가잔빌 지구라트의 혹등소 토우
다리우스 1세의 화강암 석상
파르티아 청동 전사상
소금 광산의 솔트맨

제국의 위엄과 국민 정체성　　　　　**166**

키프로스 국립박물관 **169**

신화의 섬, 문명의 징검다리　170

청동 빛 하늘과 바다 가운데　173
구리 산업을 수호하는 청동 신상
아이야 이리니 신전의 토우군
키프로스가 고향인 아프로디테 여신 석상
로마 황제 세베루스의 청동상
죽은 자를 기리는 추모 비석

소통의 역사와 분단의 현실　184

이스탄불 박물관 **187**

동서양 문명의 거대한 모자이크　188

터키석 신비 아래서　191
그리스-로마 시대 석관과 신상
트로이와 레반트 지역 유물
고대 토판 컬렉션
고대 석상과 부조

다양성과 일치의 조화　204

아누-유대민족 박물관 **207**

이천 년 디아스포라의 귀환 208

격랑의 역사를 뚫고 211
전시물의 재구성과 현대적 스토리텔링
디지털 기술과 족보 검색 시스템
롤모델과 체험형 교육 프로그램
회당과 공동체의 재현
다원적 내러티브
세대 간 기억의 전달과 공동체 의식

정체성과 민족의 지속성 222

박물관, 과거와 현재를 잇는 다리 **225**

박물관에서 찾는 새로운 시각 226
열린 시각으로 세상을 바라보며 227

더 읽어보기 232
사진목차 236

동지중해 메나지역과
박물관

박물관이란 무엇인가

　현대를 사는 우리는 모두 알게 모르게 과거에 발을 딛고 살아간다. 사람들은 과거를 지나간 구시대의 유품과 교훈, 자긍심 고취 정도로만 생각하며 미래만을 바라보며 살아가는 경향이 있다. 그러나 과거의 미래가 현재다. 현재가 장밋빛 미래를 꿈꾸듯, 현재는 과거의 바람에 충실하게 살아가고 있는가?

　박물관의 유물 하나하나는 단지 과거의 빛바랜 흔적이 아니라 과거가 현재에 던지는 중요한 실마리다. 파편화된 디엔에이$_{DNA}$ 구조를 잘 조합하면 잊혔던 의미가 새롭게 창출될 수 있듯이, 잠자는 듯한 과거의 흔적은 현대인의 삶과 여전히 이어져 있다. 박물관에서는 과거만 존재하는 것이 아니다. 과거를 현대의 관점에서 선별적으로 수집하여 보여줌으로써 미래의 방향을 제시하는 곳이 박물관이다. 그러기에 박물관은 과거와 현재, 그리고 미래가 만나는 장소다.

　박물$_{博物}$이란 단어는 검색하면 '여러 사물과 그에 관한 참고가 될 만한 물건'이라 나온다. 영어로 박물관$_{museum}$은 그 어원을 따져 볼 때 그리스에서 학문과 예술의 신인 뮤즈에게 바쳐진 건물이나 신전인 뮤제이온$_{mouseion}$과 연결된다. 회화, 조각 등 예술품이나 학문적 성과 등이 뮤즈에게 바쳐졌고, 이 봉헌물은 뮤제이온에 보관되었으며, 다양한 공연예술도 이 곳에서 펼쳐졌다고 한다. 예를 들어, 기원전 3세기 헬라 시대에 알렉산드리아에 세워진 뮤제이온은 당대 학문의 전당으로도 유명했고 물건과 예술품을 보관하는 박물관의 고전적 기능을 갖추고 있었다.

국제박물관협회의 정의에 따르면 오늘날 박물관은 자연계와 인류 유산을 수집, 보전, 전시하는 사회적 기관으로 정의 내릴 수 있다. 인류 유산을 다루는 박물관은 주요 소장품의 특성에 따라 고고학박물관, 역사박물관, 미술관, 민속박물관, 민족학박물관, 종교박물관 등 다양하게 분류할 수 있다.

왜 동지중해 메나 지역 국립 박물관인가

메나MENA지역은 중동 북아프리카의 영어 표현인 Middle East and North Africa의 영어 두음을 따서 부르는 말이다. 그중에서도 동지중해를 따라 펼쳐진 지역은 아프리카와 아시아, 유럽을 잇는 곳이자 인류 문명사에서 가장 중요한 두 문명, 곧 메소포타미아 문명과 이집트 문명을 싹틔운 지역이다. 또한 세계 3대 유일신교의 발흥에 직간접적인 배경이 되는 세계인의 영적 고향 팔레스타인이 이 두 문명 사이에 자리 잡고 있다. 이 지역 문화는 복잡하지만 유기적 일체로서 수천 년을 이어왔다. 인류사의 현재 그리고 미래와 연결된 주요 블랙박스 중 하나가 이 지역 문명사라 해도 과언이 아닐 것이다.

그러나 인류 문명사에 중대한 족적을 남긴 동지중해 메나 지역은 근현대사에서 복잡한 지정학적 정세로 어려움을 겪었다. 식민적 영토 분할과 정치적 왜곡, 그리고 도굴과 분쟁으로 인한 유물 소실 및 반출 등은 동지중해 메나 지역의 문화 유산을 세부 지역 중심적이고 파편화된 모습으로 그려볼 수 밖에 없는 상황으로 만들었다.

이런 면에서, 동지중해 메나 지역의 각 나라별 국립 박물관을 통해 시대별 대표적 유물을 개관해 보는 것은 의미가 있다. 현미경으로 비유컨대, 고배율로 자세한 내막을 살피지는 못하지만 저배율로 전체적 모습을 이해하는데는 도움이 되리라 생각한다. 앞으로 살펴볼 동지중해 메나 지역의 관심 박물관에서는 인간의 활동인 문화유산, 특히 고대문명의 유산인 고고학 유물을 중심으로 둘러 보고자 한다.

문명과 시간, 그리고 박물관

동지중해 메나 지역의 문화유산은 1798년 나폴레옹의 이집트/시리아 침공 이래 세계의 주목을 받으며 발견과 연구가 계속되어 왔다. 그러나 근현대사에서 이 지역은 각종 식민지 수탈과 정치적 불안정으로 어려움을 겪었다. 동지중해 메나 지역은 여러 찬란한 문화적 족적을 남겼지만, 이 지역이 인류역사상 끼친 가장 중요한 역할은 세계인의 정신적 영적 유산을 태동시켰다는 점이다. 그래서 특히 주목할 지역이 삼대 유일신교의 직간접적 고향인 팔레스타인이다. 팔레스타인과 이를 둘러싼 주변 나라, 그리고 그 주요 박물관 열 곳을 앞으로 살펴보고자 한다.

오늘날 이스라엘과 팔레스타인 자치구가 자리 잡고 있는 팔레스타인 지역에는 이스라엘 박물관, 디아스포라 박물관이 있다. 그 동쪽으로 요르단 왕국에 요르단 박물관, 북동쪽으로 시리아에 다마스쿠스 박물관, 북서쪽으로 레바논에 베이루트 박물관이 있다. 그리고 시리아 북동쪽으로 이라크에는 이라크 박물관, 그리고 그 너머 이란에 이란 박물관이 있다. 이스라엘 북서쪽 바다 너머로 섬나라 키프로스에는 니코시아 박물관이 있고, 그 북쪽으로 튀르키예에 이스탄불 박물관이 있다. 마지막으로, 이스라엘 남서쪽으로는 이집트에 이집트 박물관이 있다. 이들은 각 나라의 주요 국립 박물관이며 장별로 한 박물관씩 대표적 유물을 중심으로 둘러볼 것이다. 이 나라들은 튀르키예와 이란을 제외하면 20세기 전반기를 전후로 열강의 식민지 경영과 국제 정세의 격랑 속에서 탄생한 신생국들이다.

박물관에서는 기본적으로 각 지역의 문명을 대표하는 유물

그림1. 동지중해 메나 지역의 국립 박물관 위치

을 연대별로 전시한다. 동지중해 메나 지역의 양대 문명은 이집트와 메소포타미아 문명이지만, 세부적으로 그 내부 혹은 주변 지역에 수많은 문명이 피었다가 사라졌다. 이집트와 메소포타미아 문명은 기원전 3,000년경 문자의 사용과 함께 시작되었다. 물질문명은 재료로 시대를 구분한다. 기원전 3,000년경 초기 청동기 시대를 시작으로 중기, 후기 청동기 시대를 거쳐 기원전 1,200년경부터 철기시대라 부른다. 실상 철기시대는 철강을 사용하는 오늘날까지 지속되는 셈이지만, 고대 근동 모든 지역을 장악하는 초강대국 페르시아 및 헬라 제국 시대 이래로는 제국의 이름으로 시대를 부른다. 앞으로 살펴볼 박물관은 고고학 유물 박물관으로 각 지역의 대표 유물들이 선사시대부터 중근세 시대까지 망라되어 있다. 한가지 예외로, 이스라엘의 아누-유대민족 박물관은 민족학 박물관으로 매우 독특한 민족사를 지닌 유대인의 디아스포라 삶과 역사를 보여주는 박물관이다.

    문화적 경계와 영향력은 지리 및 지정학적, 경제적 요인에 따라, 오랜 세월을 두고 변화하기도 하고 그대로 유지되기도 한다. 동지중해 메나 지역에서도 고대와 현대가 유사한 양상을 보이는 경우도 있고 정치적 단절이나 정치 지형의 변화에 따라 현재가 과거와는 전혀 다르게 바뀐 경우도 있다. 예를 들어, 고대 시리아 지역 입장에서 페니키아 지역은 지중해로부터 새로운 문물이 들어오는 지리적, 경제적 요충지로서 메소포타미아의 서단에 위치한 시리아의 '돈 많고 세련된' 아우 격이었다. 그리고 이런 관점은 현대에까지 이어진다. 고대 엘람/페르시아와 메소포타미아 사이에 라이벌 관계는 오늘날 이란과 이라크로 이어진다. 반면 고대 이스라엘 왕국과 페니키아 지역의 밀착 관계는 오늘날 종교적, 인종적, 정치적 지형 변화로 인해 현대 이스라엘과 레바논 사이의 관계에 있어 더 이상 유효하지 않다.

나라와 인종, 그리고 문화유산

인종 집단은 오랜 기간 혈연, 언어, 종교, 역사, 전통, 국적, 혹은 문화의 많은 부분을 공유하면서 공통된 관습과 정체성을 형성한 집단이다. 따라서 인종이란 개념은 복합적이며 장기적으로 볼 때 가변성을 띤다. 이스라엘 유대인과 같이 역사 전통적, 언어적, 종교적 요소가 한 집단에 공유되기도 하지만, 레바논 아랍인의 경우처럼 집단 내 역사 문화적, 종교적 요소가 다른 경우도 있다.

이러한 기준으로 인종을 분류할 때 오늘날 동지중해 메나 지역에서 수적으로 주류 인종 집단은 아랍인, 튀르키예인, 쿠르드인, 이란인이다. 이 외에 더 많은 작은 규모의 인종 집단이 존재한다. 언어적으로 크게 대분하면, 북아프리카와 동지중해 지역은 아프리카-아시아계 언어군Afro-Asiatic languages, 동쪽 이란 지역은 인도-유럽 언어군Indo-European languages, 그리고 튀르키예와 흑해 연안은 튀르키예 언어군Turkic languages에 속한다. 세계 각 나라와 인종 집단이 그들이 보유한 박물관의 유물에 담긴 역사를 어떠한 관점으로 바라보느냐는 질문은 박물관 설립 취지와 연결된다. 각 박물관은 오랜 기간의 지역 역사를 함축한 유물을

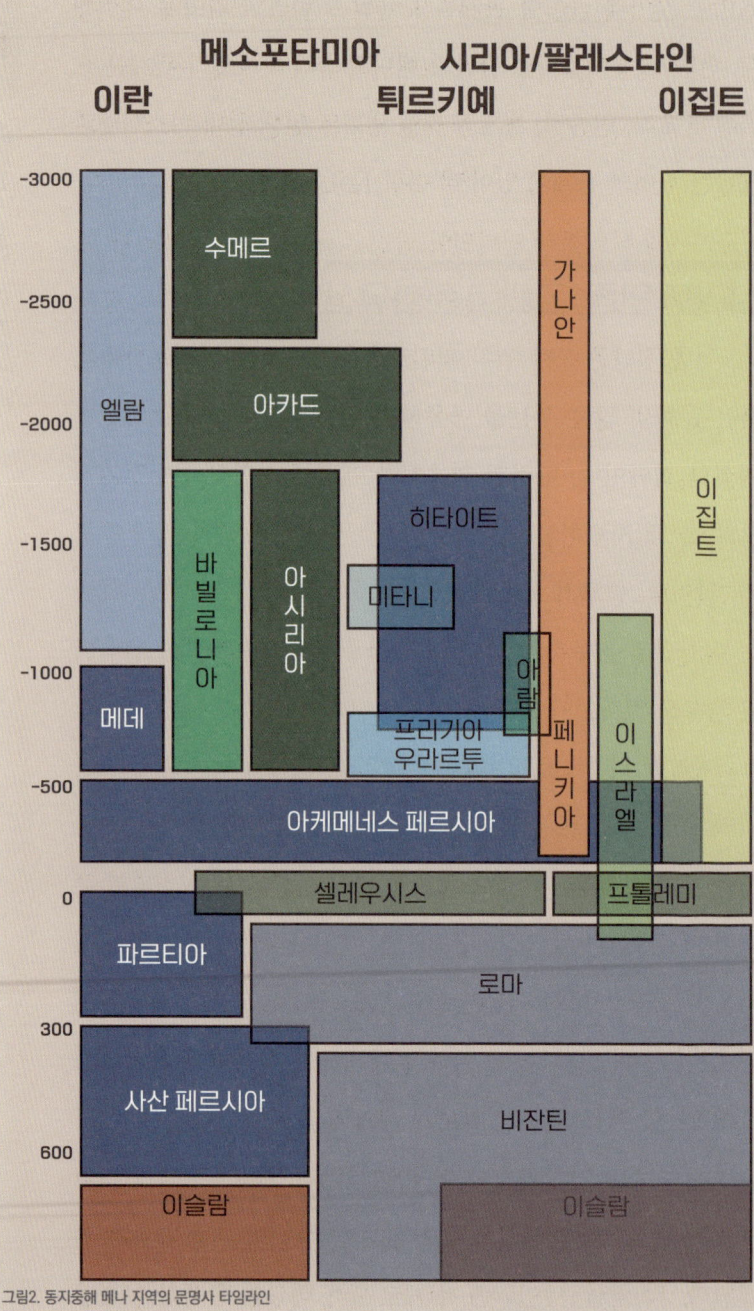

그림2. 동지중해 메나 지역의 문명사 타임라인

보유하지만, 수많은 역사의 부침 이후 오늘날 한 지역에 거주하는 사람들은 그 유물을 남긴 고대인의 후손이 아닐 수도 있다. 우리 한민족에게 박물관에 전시된 유물은 조상의 자랑스러운 문화 흔적으로 받아들여져 민족 자긍심을 고취하는 것일 수 있다. 미국인에게 아메리칸 인디언이 남긴 유물, 유적은 아메리카 대륙을 먼저 살았던 주민의 삶의 흔적에 대한 지적 호기심을 충족하는 것일 수 있다. 이러한 점은 동지중해 메나 지역 박물관에도 동일하게 적용된다. 이스라엘에 사는 유대인에게 고고학 발굴과 유물, 유적은 고대 조상의 땅에 대한 영유권을 확보하는 정치적 행위일 수 있다. 이집트 박물관은 이집트의 주요 산업인 관광업을 견인하는 경제적 역할을 하는 것일 수 있다.

지난 수 세기 동안 동지중해 메나 지역 문화유산이 세계인의 주목을 받으면서 발생해온 과거 식민지와 열강 간에 문화재 관리 및 귀속을 둘러싼 이슈도 있다. 예를 들어 이스라엘의 경우 현재 문화재법상 발굴권은 외래 발굴단에 있지만, 발굴 유물은 이스라엘에 귀속시켜야 한다. 그러나, 과거 이스라엘 건국 전 행해졌던 므깃도Megiddo나 미스바Mizpah와 같은 대규모 발굴의 유물은 발굴 작업을 수행한 외래 발굴단이 본국으로 가져가거나, 당대 팔레스타인을 통치하던 지배국인 튀르키예나 영국에 귀속되기도 했다. 이러한 문화재 해외 유출의 배경에는 과거 식민지 경영 선진국이 가졌던 오리엔탈리즘적 사고, 즉 지역 원주민들은 세계적 문화유산을 유지 보존할 능력과 관심이 부족하다는 생각이 깔려 있었는데, 실제로 당대 아랍인의 생각은 그렇지 않았다는 것을 보여주는 연구들이 늘어나는 실정이다. 오늘날까지 불안정한 중동 정세로 인해 이러한 사고가 여전히 존재하는 듯하지만, 동지중해 메나 지역민은 자국의 문화유산에 대해 이미 오래전부터 깊은 관심과 애정을 가져왔을 것으로 보는 것이 타당하다.

동지중해 메나 지역은 오랜 문명의 소용돌이 속에서 세계 다른 지역 못지않게 역사적 흥망성쇠가 잦았던 곳이다. 역사 속에 한 획을 그었던 인종 집단이라 할지라도 오늘날 자취도 없이 사라지거나 아시리아인, 아람인, 사마리아인과 같이 극소수만이 겨우 명맥을 유지하기도 한다. 반대로 아랍인이나 튀르키예인같이 과거에는 변방에 있다가 현재는 동지중해 메나 지역의 주요 무대를 장악한 집단도 있다. 그러나 레바논과 같이 무슬림과 기독교가 대등한 세력을 형성하는 지역에서 주민들은 자신의 정체성을 '거대 아랍'을 넘어서 그 지역의 더 오래된 고대 문명과 연결 짓기도 한다. 예를 들어, 레바논 사람들, 특히 마로닛 Maronite 기독교인은 한때 지중해 무역을 장악했던 고대 페니키아인을 조상으로 여기며 자긍심을 갖는다. 더 나아가 이란의 페르시아인, 이집트의 아랍인같이 한 국가의 주요 인종 집단이 한 지역에 수천 년을 살면서 고대로 거슬러 올라가는 조상 문화에 자긍심을 갖기도 한다. 그리고 유대인과 같이 수천 년 만에 다시 조상의 땅에 회귀한 특별한 경우도 있다. 이러한 다양한 상황에서 메나 지역 박물관은 어떻게 그 존재가치를 입증하고 유지할 것인가. 어떠한 경우건, 기본적으로 인류 문명 자체에 대한 관심은 보편적 인간의 관심사일 뿐만 아니라 현 주민이 직계 후손 여부와 상관없이 특정 지역이나 국가의 정체성 형성에도 중요하다. 그러므로 어떠한 취지이건 분명한 설립 취지를 가지고 지역민들과 함께 그 존재 이유와 가치를 규정하고 공유하는 박물관이 바람직하다.

더군다나 동지중해 메나 지역의 박물관은 전쟁이나 사회적 불안정으로 인해 돌발 상황이 발생할 가능성이 항상 존재한다. 일상적 도굴은 말할 것도 없고, 유물과 유적의 문화적, 학문적, 경제적 가치는 무시된 채 이라크-시리아 이슬람 국가ISIS의 종교적 광기에 의해 이라크, 시리아 지역에서 문화재가 파괴되거나, 2003년 걸프전 때 이라크 박물관의 경우처럼 많은 전시 유물이 약탈당하는 경우가 발생하기도 한다. 안타까운 일이다. 박물관을 지역민들이 사랑하고 지켜낼 문화 공간으로 만들어 나가는 것이 무엇보다도 중요하다.

메나 지역의 문화유산 모자이크

동지중해 메나 지역의 국립 박물관 유물은 인종, 종교, 정치 선전을 떠나 각 나라가 간직한 고대 문명 고유의 이야깃거리가 있다. 나라와 나라가 펼치는 고대 문명의 이야기는 언제든지 한데 어우러질 준비가 되어 있다. 동지중해 메나 지역의 문화유산은 너무나 깊고 풍성하기 때문이다. 어떤 관점이건 흥미와 애정을 가지고 이 지역 문화를 풀어나가는 것은 가치 있는 일이다. 이 작업을 통해 각각의 유물이 들려주는 이야기는 더 크고 분명하게 다가온다. 각 나라의 이야깃거리는 그 나라에서 가장 아름답게 꽃핀다. 그러므로 여러 인종적, 역사적 복잡성에도 불구하고 나라별, 지역별 유물은 그 지역 박물관에서 관리되고 전시되는 것이 가장 바람직하다. 발굴에서 컨텍스트를 떠난 유물은 가치가 감소하듯, 지역 박물관은 크게 보아 유물이 출토된 생생한 현장이기 때문이다. 이러한 지역 박물관 체계가 모자이크처럼 연결되면 큰 그림을 그릴 수 있다.

사진1. 벧산-스키토폴리스 (이스라엘), 로마-비잔틴 시대

이러한 의미에서 동지중해 메나 지역의 각 박물관의 역할은 더 증대되어야 하며, 이에 걸맞은 기술과 관리 시스템이 제공되어야 한다. 지역 박물관이 유물을 제대로 관리하고 보존할 수 있을 것인가 하는 식민지적 의구심을 떨구는데 가장 아쉬운 부분이 지정학적 안정성 확보다. 비록 근본적 해법이라고 할 수는 없지만, 지역민과의 교감을 공고히 하여 2003년 걸프전 때의 이라크 박물관 사태와 같은 일이 재현되지 않도록 해야 할 것이다. 또한 국제적 공조와 관심이 더 촘촘히 형성되어 소중한 문명의 유산을 보존하는데 책임을 공유해야 할 것이다. 결국 목표는 지역민과 세계인이 모두 사랑하는 풀뿌리 박물관이어야 한다.

이집트 박물관
Eqyptian Museum in Cairo

파라오의 황금과 영원의 나라

이집트 고대 역사는 크게 고왕국 Old Kingdom, 중왕국 Middle Kingdom, 신왕국 New Kingdom을 중심으로 나뉘며, 그 사이에 외래 왕조가 통치하던 시기인 중간기가 존재한다. 그리고 기원전 1천년대 중후반 마지막 왕조 시대인 말기왕조 시대 Late Period를 끝으로 그리스-로마 통치 시기로 이어진다. 이 책에서 소개하는 박물관 소재 국가 중 유일하게 아프리카 대륙에 있는 이집트는 단일 문명으로는 유물의 양이나 보존, 그리고 역사적 지속성에서 최고를 자랑한다. 세계 웬만한 박물관에서 이집트 유물 한두 점 정도는 어렵지 않게 찾아볼 수 있다. 이는 이집트가 그 유구한 역사나 유물 보존에 적합한 건조한 기후 요인 만큼이나 매장 문화를 잘 발달시켰기 때문이었다. 미라나 수지 등을 이용한 보존 처리 기술뿐만 아니라 사후 세계와 영원한 삶에 큰 관심이 있었던 고대 이집트인들이 남기고 간 수많은 매장품과 매장 유적은 오늘날 그들의 역사, 삶, 그리고 사고관을 잘 전달한다.

이집트 박물관Egyptian Museum in Cairo,은 카이로 중심부 타흐리르 광장Tahrir Square에 위치하며, 1902년에 개관한 박물관이다. 120년이 넘는 역사를 자랑하며, 고대 이집트 문명의 귀중한 유물들을 보관하고 있다. 이 박물관은 고대 이집트 유물의 최대 수집처 중 하나로 약 12만 점 이상의 유물을 소장하고 있으며, 명실상부 최고의 이집트 유물 박물관으로 명성을 떨쳤다. 나폴레옹의 이집트 원정 이후 유럽에서 이집트 고대 문명에 대한 관심이 폭발적으로 증가했고, 이에 따라 많은 유물이 발굴되어 이 박물관에 소장되었다. 그러나 카이로 이집트 박물관은 계속 발굴되는 유물의 방대한 양에 비해 상대적으로 협소하고 오래된 전시 방식을 유지한다.

이러한 점을 보완하는 차원에서 2002년부터 그랜드 이집트 박물관Grand Egyptian Museum의 건립이 추진되어 2024년 부분 개장을 시작했다. 그랜드 이집트 박물관은 이집트 정부의 야심작으로, 고대 유물 보존과 관광산업 활성화를 위해 건립된 박물관이다. 나일강 서쪽의 기자 피라미드Giza Pyramids 인근에 위치하여 박물관과 피라미드를 함께 감상할 수 있는 독특한 환경을 제공한다. 이 박물관은 고고학 단일 박물관으로는 세계 최대 규모이며, 유물 박물관이 보통 장소 부족으로 일부 주요 유물만 전시하고 있는 것과는 달리 13,000여 점을 전시할 수 있는 거대한 공간을 자랑한다. 박물관의 12개 주요 전시관은 시대별로 사회, 왕권, 신앙의 주제로 나누어 설명하기 때문에 통시적 관람과 주제별 관람이 모두 가능하다. 중앙홀을 통과하면 마치 홍콩의 미드 레벨 에스컬레이터를 연상케 하듯, 6층 높이의 웅장한 '그랜드 스테어케이스' Grand Staircase도 압권이다. 이 계단을 오르며 다양한 조각, 부장품, 예술품을 만날 수 있다. 일본의 대규모 투자 및 기술 지원을 받아 건설된 이 박물관은 전 세계 관광객을 유치하고, 이집트의 문화유산을 체계적으로 관리하고 보존할 수 있어 유물 전시의 새로운 랜드마크가 될 것으로 예상한다.

이집트 박물관과 그랜드 이집트 박물관은 전시 운영에 있어 상호보완적인 관계로 이해할 수 있다. 두 박물관은 서로 약 20km 떨어져 있으며 함께 방문해 볼 가치가 있다. 그랜드 이집트 박물관은 현재 아쉽게도 박물관의 하이라이트인 투탕카멘 Tutankhamun 전시관을 비롯해서 일부 전시관이 개장하지 못한 상태이므로 이 책에서는 간단한 소개로 대신하였다.

박물관 및 전시관의 구조

이집트 박물관은 2층 건물로 이루어져 있다. 1층 전시관은 연대순으로 구성되어 있으며, 선사시대부터 고왕국, 중왕국, 신왕국, 그리스-로마 시대까지 이어지는 이집트의 역사를 보여준다. 1층 중앙 홀은 거대하고 장엄한 석상과 석관으로 장식되어 있다. 홀 맞은편에 보이는 거대한 좌상은 18왕조 아멘호테프 3세 Amenhotep III 부부와 딸들로 구성된 석상군인데, 그의 장제전 mortuary temple에서 가져왔다. 이집트 최고 전성기였던 신왕조 시대의 걸작품인 이 석상 군은 박물관의 중심부에 배치되어 관람객의 첫 시선을 압도한다. 전시관은 중앙 홀 주변으로 배치되어 있어 입구부터 시계 방향으로 돌면서 이집트의 왕조별 유물을 감상할 수 있다. 2층은 주제별로 나누어져 있으며, 매장 의식과 관련된 유물, 투탕카멘 컬렉션 등이 전시되어 있다. 특히 투탕카멘의 황금 마스크와 장례식 유물은 이 박물관의 주요 명소다. 투탕카멘 컬렉션은 곧 그랜드 이집트 박물관으로 이전될 예정이다.

사진1. 이집트 박물관 전경

유물이속사임

무덤 속 고요히 잠자며

쿠푸의 아들 카프레의 석상
(초기왕국 시대, 고왕국 시대, 1차 중간기 | 기원전 3,150년-2,000년)

이집트 박물관의 1층 전시관 동선을 시작하는 지점에 전시된 나르메르 팔레트Narmer Palette는 초기왕국 시대인 기원전 3,100년경의 중요한 유물로, 이집트 통일을 상징하는 나르메르 왕의 업적을 새긴 팔레트다.

고왕국 시대의 유물은 이집트 예술의 기본 틀과 스타일을 완성했다. 세밀하고 사실적인 묘사로 잘 알려진 고왕국의 유물은 이후 중왕국과 신왕국 시대에도 영향을 끼쳤다. 박물관에 전시된 이 시대 파라오들과 귀족들의 좌상과 입상은 세밀한 표현이 특징이다. 파라오의 조각상은 숭배용으로 제작되는 경우가 많았던 반면, 귀족의 조각상은 죽음 이후 삶의 지속을 확보하기 위한 용도였다. 이러한 이유로 파라오의 조각상은 좀 더 이상주의적 얼굴 형태를 보여주지만, 귀족과 평민의 조각상은 본인 생전의 모습이 더 사실적으로 표현되어 있다.

　기자 대피라미드를 지은 쿠푸Khufu의 아들 카프레Khafre의 석상은 이상화된 젊은 청년의 얼굴을 지니고 있으며, 검은 광택이 도는 섬록암 재질로 만들어져 왕의 위엄과 권위를 잘 표현한 예술적 걸작으로 평가받는다. 반면, 사카라Saqqara에서 발견된 한 서기관의 석상은 더 값싼 석회암으로 만들어졌고, 인체의 세부 묘사가 사실적이며, 고인의 생전 직업이 무엇인지 묘사된다. 또 다른 상류층 인물의 목조 조각상은 "마을의 촌장" 같은 생김새로 인해 '셰이크 엘 발라드'Sheikh el-Balad라고 불린다. 이 조각상은 제사장으로 추정되는 나이 든 남성의 모습을 묘사하고 있는데, 세밀하고 현실감 넘치는 방식으로 인물의 중후함을 잘 표현하고 있다.

　고왕국 시대에는 피라미드가 축조되기 시작했고 장례 문화가 발전했다. 특히 이집트 역사상 가장 거대한 피라미드들이 축조된 시기다. 박물관에는 고왕국 시대 무덤에서 발

사진2. 카프레의 석상, 기원전 26세기 기자 출토

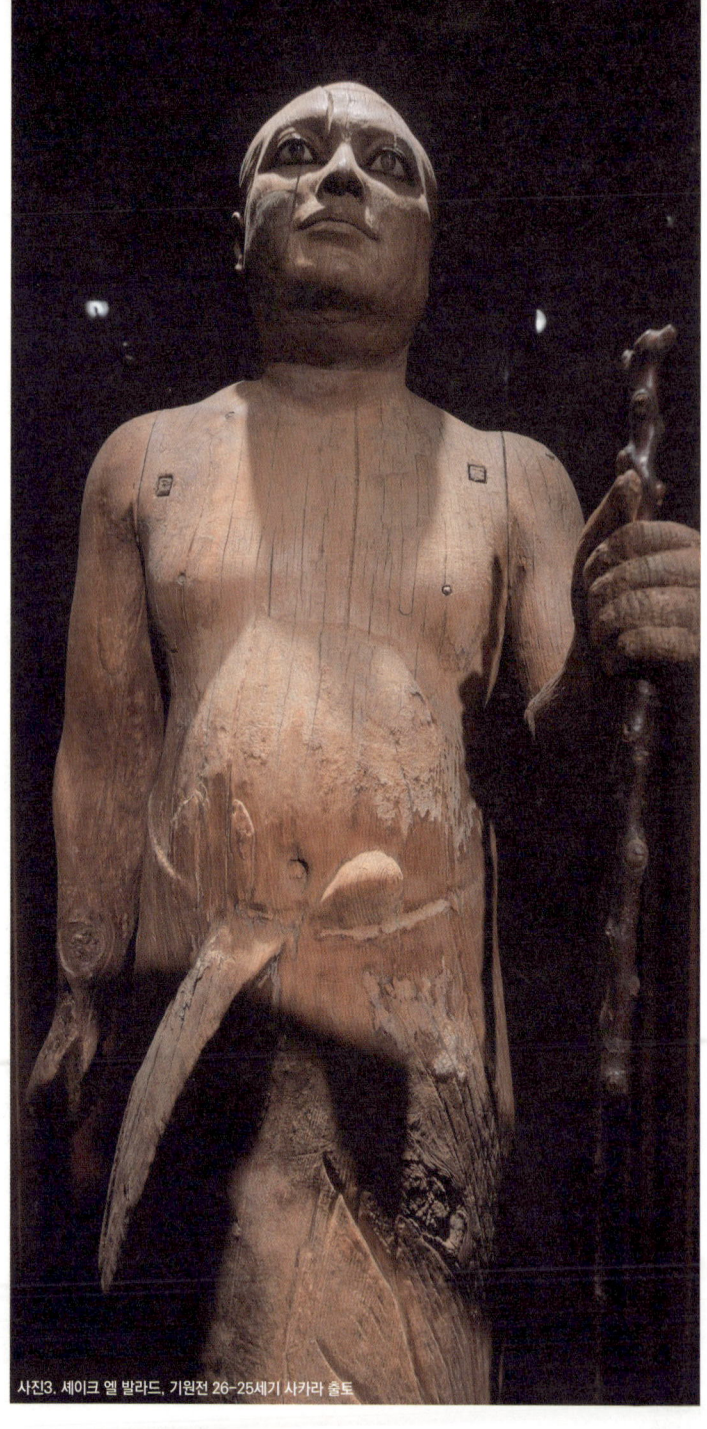

사진3. 셰이크 엘 발라드, 기원전 26-25세기 사카라 출토

견된 토기, 청동기, 보석 등이 전시되어 당시의 장례 문화와 의식을 보여준다.

붉은 관을 쓴 멘투호텝 2세의 좌상
(중왕국 시대 | 기원전 2,000년-1,550년)

중왕국 시대에도 피라미드 축조는 이어졌다. 이집트 역사에서 고왕국과 중왕국에서만 피라미드가 집중적으로 건설되었고, 그 이후부터는 피라미드 건축이 중단되고 바위를 판 형태 등 다른 방식의 무덤이 주종을 이루었다. 중왕국 시대의 피라미드는 고왕국 때보다 규모는 작지만, 건축 기술의 발전을 엿볼 수 있다. 중왕국 이후 2차 중간기 시대Second Intermediate Period는 아시아의 셈족 계통인 힉소스Hyksos가 이집트 나일강 삼각주 지역을 점령했던 시기이며, 구약성경의 요셉 이야기에 반영되는 이스라엘 민족의 이집트 이주 시기와 연결된다.

이 시기의 석관과 나무관은 화려한 장식과 상형문자가 새겨져 있다. 중왕국 전시관에는 주술적 보호를 위해 무덤에 함께 묻었던 주술 인형인 우샤브티Ushabti와 의식용 도구들이 전시되어 있다. 소형 인형 형태를 띤 우샤브티는 중왕국 시대부터 등장하기 시작했으며 이집트 유물 중 가장 흔히 볼 수 있을 만큼 부장품으로 대량 사용되었다. 이들은 사후 세계에서 죽은 자에게 봉사하기 위해 제작되었다.

전시관에는 하부 이집트를 상징하는 붉은 관Deshret을 쓴 11왕조 파라오 멘투호텝 2세Mentuhotep II의 좌상을 볼 수 있다. 멘투호텝 2세 때 이집트는 분열 상태에서 재통합되었다. 이 조각상 바로 옆에는 상부 이집트를 상징하는 흰색 관Hedjet을 쓴 조각상도 나란히 볼 수 있다. 상부의 흰색 왕관과 하부의 붉은색 왕관을 결합한 형태의 왕관은 통합 이집트의 상징으로, 파라오의 통치력을 표현하며, 이미 이집트 초기왕국 때부터 사용되었다. 이 외에도 파라오는 10여 종의 다양한 왕관 형태를 통해 자신의 신성과 왕권을 표현했다. 이러한 머리 관은 고대 근동뿐만 아니라 세계 여러 문화권에서 신분과 권위를 나타내는 가장 보편적 도구다. 중왕국 유물은 당시의 정치적 통합성과 예술적 정교함을 잘 나타낸다.

소년 왕 투탕카멘의 황금가면
(신왕국 시대, 3차 중간기, 후기 시대 | 기원전 1,550년-332년)

신왕국 시대는 고대 이집트의 전성기로, 외래 민족의 통치가 끝나고 이집트가 수단 지역과 시리아-팔레스타인으로 통치 영역을 확장하며 국위를 떨치던 시기다. 이 시대에는 대규모 건축, 문화적 번영, 그리고 다양한 종교적 실험이 이루어졌다. 팔레스타인이 이집트의 식민 통치를 받던 이 시기는 전통적으로 이스라엘 백성이 이집트에서 노예 생활을 하다가 모세의 영도 하에 출애굽을 하는 시기에 해당한다.

박물관에서는 특별히 이집트 역사상 유례없는 종교개혁을 단행했던 아케나톤 시대의 유물이 주목할 만하다. 기원전 14세기에 살았던 아케나톤Akhenaten은 외모, 종교 정책, 수도 이전 등으로 인해 이집트 역사상 가장 독특한 파라오로 평가된다. 그는 기존의 다신교적 신앙을 폐지하고, 태양신 아텐Aten 숭배를 유일한 신앙으로 강요하고 기존의 신전과 신상들은 파괴하거나 폐쇄했다. 전시관에는 그의 종교 개혁을 보여주는 유물 및 그와 왕비 네페르티티Nefertiti의 조각상을 전시한다. 아케나톤의 조각상은 사실적이면서도 기형적으로 표현된 모습이 특징이며 마른 얼굴, 긴 팔다리, 독특한 자세 등은 당시 왕들의 이상적 묘사와 대조적이다. 박물관에 전시된 그의 무덤 벽면 부조에서 태양신 아텐은 햇살이 손처럼 뻗어나가는 모습으로 묘사된다. 아케나톤은 수도를 아마르나Amarna로 이전했고, 아마르나 시기에 예술적 실험과 종교적 개혁이 집중적으로 일어났다. 그러나 그의 사후, 종교개혁은 실패로 끝났고, 파괴된 신상과 왕조적 상징은 복구되어 이집트는 전통적인 다신교 체제로 복귀했다. 아케나

사진4. 아텐을 묘사하는 아케나톤 무덤의 부조 벽화, 기원전 14세기 아마르나 출토

톤의 수도 아마르나 지역에서 발견된 토판 문서 Amarna Letters에는 이집트와 주변국, 특히 가나안 지역과의 외교 서신 기록이 다수 포함되어 있어 성경과 이집트 역사 간의 교차 연구에 중요한 자료로 평가받는다.

아케나톤 시대 직후 소년 왕으로 이집트를 다스리다가 요절한 투탕카멘은 1922년 그의 무덤이 온전한 보존 형태로 발견되어 그 화려한 부장품이 세상에 알려지게 되면서 유명해졌다. 그의 유물은 특별히 박물관 1층의 시대별 전시 동선을 벗어나 2층 전시관의 중심부에 전시되었다. 박물관 2층의 하이라이트인 투탕카멘의 황금 가면은 다량의 금과 보석류를 예술적으로 조합하여 제작했으며, 고대 이집트 장례 의식의 정수를 보여준다. 또한 전시관에서는 투탕카멘의 미라가 안치되었던 금제 관과 그의 무덤에서 발견된 화려한 장례용 가구 및 부장품을 볼 수 있다. 금, 은, 보석으로 제작된 장신구, 단검, 활 등에서 고대 이집트의 금속 가공 기술과 미적 감각을 느낄 수 있다. 이집트 매장 문화에는 특히 금이 많이 사용되었다. 금은 고대 이집트에서 그 변하지 않는 속성

사진5. 투탕카멘의 황금가면, 기원전 14세기 룩소 출토

으로 인해 영원을 상징하며, 신적 존재, 특히 태양신 라Ra를 나타내는 것으로 여겨졌다.

기원전 13세기 람세스 2세Ramses II와 그 아들 메르네프타Merneptah 시기에 신왕국은 그 전성기의 마지막 절정에 도달했다. 기원전 12세기에 접어들면 이집트의 국력은 쇠락의 길을 걷게 된다. 메르네프타가 남긴 한 전승 석비Merneptah Stele는 역사 기록상 최초로 이스라엘 민족의 이름을 언급한다. 메르네프타의 석관 덮개 안쪽 면에는 별과 하늘의 여신 누트Nut의 형상이 새겨져 있다. 누트 여신은 천상계를 보호하며 죽은 자의 부활을 담당하므로 종종 이집트 석관 덮개 내부에 묘사된다. 고대 이집트인들은 이생의 삶이 조화롭게 저승에서도 이어지는 것을 중요시했다. 장례 문화와 오시리스 신앙Osiris Cult에서 볼 수 있듯이 특히 신왕국 시대 사람들은 영혼과 육체가 결합한 영원한 부활을 삶의 주요 지향점으로 삼았다.

기원전 1,000년경 이후 이집트는 통치권 분열과 리비아인, 누비아인, 아시리아인 등 주변 민족의 침략으로 큰 변화를 맞았다. 이집트 역사에서 3차 중간기Third Intermediate

도6 메르네프타의 전승 석비 ('이스라엘 석비'), 기원전 3세기 룩소 출토

Period라고 불리는 이 시기는 구약 성경의 통일 왕국 및 분열 왕국 시대에 해당한다. 이 시기에 이집트와 이스라엘, 유다의 관계는 외교적, 군사적으로 메소포타미아의 제국들과 맞물려 복잡하게 얽힌 양상을 보였다. 기원전 1천년대 중엽 이집트 왕조는 외세 통치와 독립 사이를 오가다가 기원전 4세기 말 알렉산더 대왕에 의해 정복되었다.

동서양 융합의 신 제우스-암몬 신상
(헬라 시대 | 기원전 332년-30년)

기원전 332년, 알렉산더 대왕이 이집트를 정복하며 헬라 시대가 시작되었다. 이 시기는 이집트의 전통 예술과 그리스의 헬레니즘 예술이 조화를 이루며 독특한 문화적 결과물을 창출했다. 로마 시대까지 이어진 이집트의 미라와 석상들은 고대 문화의 융합을 잘 보여준다. 동지중해 지역에서는 헬라 신과 이

사진7. 메르네프타 석관의 누트 여신 부조, 기원전 13세기 룩소 출토

집트 신의 융합으로 새로운 융합적 형태인 제우스-암몬Zeus-Ammon이나 세라피스Serapis 같은 신이 등장했다. 알렉산더 대왕은 이집트에서 자신을 제우스-암몬의 아들로 주장하며 왕권신수적 정치를 강화했다. 그리스와 이집트의 최고 신을 내세워 제국 경영의 발판으로 삼겠다는 의도였다. 제우스-암몬은 그리스식 제우스의 얼굴에 이집트식 아문-라Amun-Ra의 뿔이 결합하여 있으며, 이집트 박물관에서도 만나 볼 수 있다.

1층 전시관의 동선이 끝나는 부분에는 알렉산더 대왕 이후 프톨레마이오스 왕조Ptolemaic Dynasty 시대에 그리스와 이집트 문화가 융합된 형태의 조각상과 토기들이 전시되어 있다. 그리스 스타일의 얼굴 윤곽과 이집트 전통 스타일의 장식이나 몸체가 결합한 이들 조각상은 수천 년의 전통을 깨고 이집트에 새로운 시대가 도래했음을 알려 준다.

미라 위 파이윰 초상화
(고대 이집트 매장 문화관)

고대 이집트인들은 화려한 장례 문화와 부활 신앙을 가지고 있었다. 그래서 생전보다 사후에 더 많은 자원을 투입했고, 죽음을 부활의 준비로 여겼다. 상류층에서는 황금과 화려한 장식으로 장례의 품격을 높이고 부활을 상징적으로 표현했다. 후기 시대로 갈수록 장례 문화가 대중화되는 경향을 보이며 부유층뿐만 아니라 일반인도 일정한 품격을 갖춘 장례를 치를 수 있게 되었다.

박물관 2층 전시의 주요 특징은 대부분의 전시물이 매장 문화와 관련된 유물로 구성되었다는 점이다. 왕족과 귀족들의 미라가 전시되어 있으며, 미라 제작 과정과 관련된 유물들도 함께 볼 수 있다. 이곳은 또한 다양한 관coffin이 전시되어 있다. 목제 관은 섬세한 조각과 그림으로 장식되어 있고, 석관은 돌로 제작되어 견고함과 장엄함을 강조했으며, 금박 장식 관은 왕족 및 고위층이 사용한 관으로, 황금의 화려함이 두드러진다. 2층 전시관에서는 주요 매장 유물 발굴처를 중심으로 한 전시 공간도 마련되어 있다. 그 중심에는 화려한 투탕카멘 컬렉션이 있고, 그 옆에 이에 비견될 만한 타니스Tanis 출토 21-22왕조 파라오들의 매장 보물 전시실이 있다. 18왕조 한 고위 귀족 무덤에서 출토된 매장 유물을 전시하는 공간도 눈길을 끈다.

로마 시대에 접어들면서 이집트의 매장 문화 방식에 변화가 생겼다. 로마화된 이집트 상류층 사이에서는 기존의 전통적 조각상 대신 미라 위에 죽은 이의 사실적 초상화를 그린 나무 패널을 부착하여 시신을 안치하는 것이 유행했다. 파이윰 초상화Fayum Mummy Portraits라고도 불리는 이 미라 초상화는 고대 이집트의 미라 제작 기술과 로마 초상화 기법이 결합한 작품이다. 초상화는 죽은 자의 생전 모습을 정교하고 사실적으로 묘사하여 마치 현대적 초상화 내지는 영정 사진과 같은 개념이며, 이집트 중부 파이윰Fayum 지역에서 대량 발견되었다. 부활 신앙은 여전히 중요했으나, 그 표현은 간소화되었고, 로마적 개인주의와 이집트 전통 신앙의 결합을 보여준다. 나무 패널에 그려진 이 초상화는 후대 동방교회의 이콘icon 제작과도 연결된다.

　장례 문화 전시 외에 박물관 2층 전시관에는 파피루스papyrus에 기록된 다양한 문서들이 전시되어 있다. 이 문서들은 고대 이집트의 문학, 종교, 일상생활 등을 보여주는 중요한 자료다. 또한 이집트의 다양한 소형 신상과 조각품들, 혹은 생활 용품을 보여주는 전시관도 있다.

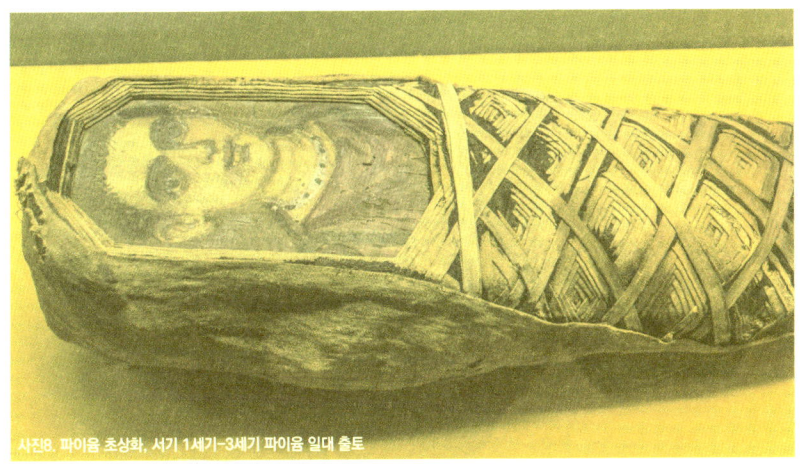

사진8. 파이윰 초상화, 서기 1세기-3세기 파이윰 일대 출토

고대 이집트의 영원성과
현대 이집트의 지속가능성

　이집트 박물관은 고대 문명의 보고로서 고대 이집트 문명의 유산을 세계에 알리는 역할을 수행했고, 이를 통해 문화 관광을 활성화하고, 고대 문명의 위상을 더욱 높였다. 비록 전시 방식과 유물 관리 측면에서 부족한 점이 지적되고 더욱 체계적인 큐레이션과 박물관의 현대화가 요구되지만, 여전히 고대 이집트 문명사에 가장 중요한 유물을 다수 소장하고 있다. 이집트 박물관의 유물이 관람객에게 끊임없이 전하고자 하는 주제는 고대 이집트인이 남긴 문명의 찬란함과 그들의 영원을 향한 갈망일 것이다.

　18세기에서 19세기에 걸쳐 유럽의 열강들은 이집트 유물이 현지보다는 유럽에서 더 잘 보존되고 관리될 것이라는 논리로 문화 유물을 반출했다. 이는 현지인의 문화유산 관리 능력과 관심도에 대한 불신과 식민지적 사고를 반영하는 것이었다. 최근 연구에서 당시 이집트인들은 문화유산에 대한 자부심과 보존 의지가 강했으며 현대적 박물관 운영 방식에 대한 여건이 부족했을 뿐이라는 평가가 더 힘을 얻고 있다. 이러한 맥락에서 식민지적 사고에서 벗어나 현지 보존 및 연구를 위한 여건 조성이 필요하다. 다행히 곧 완전 개장이 이루어지는 그랜드 이집트 박물관은 넓은 전시 공간에 현대적 전시 방식과 체계적인 큐레이션을 통해, 이집트인 스스로가 자신의 문화유산을 현지에서 보존, 관리하고 글로벌 문화 교류를 주도할 수 있는 여건을 창출하고 있다. 이집트의 미래가 기대되는 부분이다.

50

이스라엘 박물관
Israel Museum

유라시아와 아프리카를 잇는 성경의 땅

이스라엘 박물관Israel Museum은 수천 년에 걸친 팔레스타인 지역의 고고학적, 문화적 유산을 보존하고 있다. 고고학 전시관에는 선사시대 유물부터 가나안 시대, 고대 이스라엘 왕국, 페르시아, 헬라, 로마, 비잔틴, 십자군 그리고 아랍 시대의 유물이 전시된다. 유라시아와 아프리카를 연결하는 위치에 있는 팔레스타인의 유물은 이 양대 대륙의 특성이 함께 나타나며 수천 년 동안 팔레스타인 지역이 겪었던 지정학적 상황을 반영한다. 팔레스타인은 특히 성경의 역사가 펼쳐지는 곳이라 수천 년간 세계의 관심이 끊이지 않았던 지역이다. 세계의 삼대 유일신교 중에 유대교와 기독교가 이곳을 중심으로 태동했고, 이슬람에서는 예루살렘Jerusalem을 메카Mecca, 메디나Medina에 이어 세 번째로 중요한 성지로 여기고 있다.

이스라엘 박물관은 1965년 이스라엘의 수도 예루살렘의 서쪽 한 언덕에 설립되었다. 입구 근처에는 박물관의 일부인 사해사본 박물관의 하얀색 지붕이 특색있게 솟아 있다. 이스라엘 박물관은 이스라엘의 대표적인 국립 박물관이며, 유대 민족의 역사적, 문화적 정체성을 전시의 핵심 컨셉으로 강조한다. 박물관에는 유대인들이 수천 년간 쌓아온 이스라엘 안팎의 문화유산을 체계적으로 보존하고 전시한다. 이스라엘은 1948년 건국 이후 주변국과의 여러 전쟁을 겪었다. 세계사에서 유례를 찾아볼 수 없는 굴곡의 여정 끝에 2,000년 전 본향 팔레스타인에 다시 정착한 유대 민족은 그 정체성을 강화하고 국가의 정당성을 세계에 알릴 필요성을 절감했다. 이러한 상황과 맞물려, 이스라엘 박물관은 유대인의 고대사, 성경적 역사, 종교적 전통을 시각적으로 재현하는 역할을 해 왔다. 박물관은 단순한 유물 보존을 넘어 유대인의 문화적 뿌리를 확인하고 세대 간 역사적 연속

사진1. 이스라엘 박물관 내 사해 사본관의 모습

성을 유지하는 상징적인 공간으로 자리 잡았다. 특히, 유대 민족의 고난과 번영을 고고학적, 예술적, 종교적 관점에서 조망했다. 오늘날 이스라엘 박물관은 전 세계에서 온 방문객에게 유대인의 고대 역사와 문화를 전달하며, 유대인 간 결속을 다지고 기독교인이 성경 역사를 유물을 통해 눈으로 확인할 수 있도록 하는 역할을 담당하고 있다.

박물관 및 전시관 구조

이스라엘 박물관은 크게 네 개의 주요 전시관과 특별 상설 전시관으로 구성되었다. 첫 번째는 고고학 전시관이다. 선사시대부터 중세 시대까지 약 5,500년에 걸친 팔레스타인 지역의 역사를 다룬다. 두 번째는 유대 예술 및 생활 전시관이다. 유대인의 종교적, 일상적 삶을 재현한 유물들이 전시되었다. 세 번째는 민족학 전시관이다. 세계 각지에 흩어진 유대인 공동체의 다양한 문화와 전통을 소개한다. 네 번째는 예술 전시관이다. 고대부터 현대까지의 다양한 예술 작품이 전시되었다. 특별 상설 전시관으로 사해사본 박물관The Shrine of the Book이 있다. 예수 시대의 성경 사본인 사해사본이 전시되었다. 야외에는 예루살렘 제2성전 시대의 모형Second Temple Model of Jerusalem이 전시되어 있어 방문객들이 고대 예루살렘의 모습을 시각적으로 이해할 수 있다. 박물관은 다양한 시대와 주제를 반영한 전시를 통해 유대인의 역사와 문화를 폭넓게 경험할 수 있게 한다.

고고학 전시관 입구에는 출애굽 시대를 반영하는 이집트풍의 토관들clay coffins이 관람객을 맞이한다. 이스라엘 백성들의 고난과 이집트 통치를 상징하며, 이를 통해 이스라엘이라 불리는 새로운 백성의 탄생과 그 역사의 시작을 암시한다. 입구 다른 편에는 브엘세바Beersheba에서 출토된 구약시대 번제용 제단altar of burnt offering이 전시되어 있다. 남유다 왕국에서 발견된 대형 번제단 중에 제단뿔까지 발견된 온전한 예로서 그 상징성이 크다.

고고학 전시관에는 동선을 따라 연대순으로 유물이 배치된다. 선사시대로부터 아랍 시대까지 이 땅의 주인공들이 등장하며, 각 주요 시기마다 동선이 바뀌거나 새로운 전시관으로 접어든다. 고고학 전시관 전반부의 하이라이트인 철기 시대에 접어들면 이스라엘 백성이 주연이 되어 스토리를 이끌고, 이 스토리에 관여하는 전후 시대 및 주변 문화와 민족이 보조적으로 참여하여 구약성경의 배경을 파노라마처럼 펼친다. 이후 페르시아 시대 전시관부터는 이방 제국의 지배하에 외래의 영향이 주요 주제가 된다. 그리고 서기 1세기 로마 제국의 예루살렘 성전 파괴를 즈음하여, 신약 성경의 문화적 흔적도 고고학 전시관에서 막을 내리게 된다.

고고학 전시관을 벗어나 밖으로 나오면 사해사본 박물관과 예루살렘 2차 성전 시대의 도시 모형을 차례로 관람할 수 있다. 이 모든 유물의 전시는 이스라엘의 역사적 정체성과 성경적 역사를 입증하고 당대 정황을 설명하는 방향으로 전개된다.

신과 사람을 이야기하며

이목구비가 표현된 뼈 상자
(석동기 시대 | 기원전 5,000년-3,500년)

　　구리와 석기를 함께 사용한다고 해서 이름 지어진 석동기 시대Chalcolithic Period는 기원전 5,000년에서 기원전 4,500년경 시작한다. 석동기 시대 전시관으로 접어들자마자 눈을 압도하는 유물은 사백여 점이 넘는 구리로 만든 제의 용품들이다. 유대 광야의 한 동굴에서 발견된 기원전 3,500년가량 된 이 유물군은 주변 일대 지역민이 함께 제의 의식을 행할 때 사용하는 물건들을 이곳에 보관해 놓았을 것으로 추정된다. 오늘날에도 이 일대 광야에서 흔히 볼 수 있는 산양으로 장식된 홀을 비롯하여 다채로운 제의 용구들은 신비와 경이로움을 자아낸다. 이들은 무엇을 위해 사용되었으며, 어떤 초월적 존재를 대상으로 한 것일까?

석동기 시대 전시관에서 눈에 띄는 또 다른 유물은 죽은 자의 뼈를 모아 보관하는 뼈 상자ossuary다. 이 시대에는 사람이 죽은 후에 살이 부패하면 뼈를 모아 보관하는 2차 매장 풍습이 있었다. 뼈 상자는 흙으로 건물의 형상을 본떠 만들었는데, 얼굴 이목구비가 뼈 상자 위에 채색으로 그려지거나 조형으로 부착된 것이 특징이다. 죽은 자를 실제로 개별 형상화한 것인지는 정확히 알 수 없다.

석동기 시대 전시관에서만 볼 수 있는 특이한 형태의 토기가 있는데 럭비공 모양으로 생겼다. 이들이 최초로 발견될 당시에는 그 정확한 용도를 파악할 수 없었다. 놀랍게도 그 용도에 대한 해답은 시골 아랍 마을에서 나왔다. 7,000년 가까운 세월이 지나며 오늘날까지 사용되어 온 이 럭비공 모양의 토기는 치즈를 만드는 데 쓰이는 일종의 교유기churn인데, 양젖을 담고 양쪽 귀퉁이에 줄을 매달아 좌우로 흔들면 치즈로 응고된다고 한다.

사진2 석동기 뼈 상자, 기원전 6천 년대-4천 년대 팔레스타인 조부브 지역 출토

하솔에서 나온 가나안 제의 유물
(가나안 시대 | 기원전 3,500년-1,200년)

　석동기 시대 전시관을 벗어나면 토기 형태는 더 다양해지고 채색화된 토기, 대형 용기들도 등장한다. 농업이 더 본격화하였다는 의미이며 새로운 시대가 시작되었음을 보여준다. 기원전 3,500년에서 3,000년 전부터 시작된 이 시기는 구리에 주석을 넣어 청동기를 사용하기 시작했다고 해서 청동기 시대라고 부른다. 청동은 더 단단하고 빛깔도 아름답다. 팔레스타인 지역의 청동기 시대는 가나안 시대라고도 불리는데, 성경에 의하면 이 지역 일대를 이 당시 가나안Canaan이라는 지명으로 불렀기 때문이다. 이 시기에 고대 근동 전역에서는 쐐기문자, 상형문자 등의 문자가 최초로 사용되기 시작했다. 가나안 지역 동북쪽으로는 메소포타미아 문명, 남서쪽으로 이집트 문명이 각각 발흥했고, 가나안 지역은 이 양대 문명 사이에 가교 구실을 했지만, 문화적으로는 이들에 비해 상대적으로 미약한 상태였다.

　청동기 시대는 초기, 중기, 후기로 세분되어 발전하여 기원전 1,200년 전까지 지속된다. 성벽으로 둘러싸인 도시가 등장하고 사람들 사이에 계급이 더 공고해지며, 도시 간, 국가 간 이해관계의 충돌이 빈번해져 종종 조직화한 전쟁으로 번졌다. 각 세분된 시기 사이로 발전하던 문명이 잠시 쇠락하는 중간기가 생기기도 했다. 끊임없이 변화하는 도시 세력과 유목 세력 간 상호관계가 이러한 중간기 발생에 일정 부분 영향을 주었을 것이다.

　이스라엘 민족의 조상 아브라함, 이삭, 야곱이 살았던 시대는 초기 청동기 시대가 끝나고 중기 청동기 시대로 이어지는 무렵이었다. 이 시기에 해당하는 전시관에는 당시 가나안 지역에서 출토된 토기류와 생활 도구들이 전시되어 있어서 성경 속 이들 조상의 문화적 배경과 생활상을 생생하게 반영한다.

    청동기 시대 전시관의 동선을 따라 코너를 돌면 널찍한 홀이 펼쳐지는데, 중기와 후기 청동기 시대 가나안의 종교와 제의 유물이 이 홀을 채우고 있다. 가나안 시대는 다양한 문화와 종교가 융성했던 시기다. 가나안 사람들은 주요 도시마다 발견되는 신전과 그 주변에 남겨진 유물을 통해 그 종교적 열망의 흔적을 남겼다. 홀에 전시된 많은 유물이 하솔Hazor에서 나온 제의 유물이다. 정결 의식에 사용되었을 것으로 보이는 거대한 대야는 홀의 풍경을 압도한다. 검은 화산암을 깎아 만든 일련의

사진3. 가나안 제의 유물, 후기 청동기 시대 하솔 출토

선돌들 옆에는 사제로 보이는 인물이 엄숙한 자세로 의자에 앉아 있다. 이러한 선돌이 성경에는 주상이라는 말로 표현된다. 한 진열 유리관 너머에는 가나안의 여러 도시의 신전 지역에서 발견된 소규모 청동제 남녀 신상이 함께 모여 있다. 이들은 아마도 구약 성경에 종종 등장하며 이스라엘 민족을 다신교적 풍습으로 유혹했던 신들의 모습일 것이다. 가나안 사람들은 다신교를 믿었고, 이를 반영하는 돌기둥 형태의 선돌standing stone, 그리고 청동 및 토우 신상은 가나안 제의 풍습의 일상화된 모습이었다. 이 유물들은 후에 이스라엘 민족이 가나안 지역에 정착한 후에도 영향을 미쳤다. 가나안의 신들과 제의 관련 유물은 훗날 이스라엘 백성이 이 땅에 정착할 때 종교적 혼합주의의 올무가 될 것임을 예고하는 듯하다.

청동기 시대 전시관의 마지막 부분은 청동기 시대 후기의 시대상을 반영하는 유물로 기획된다. 대략 기원전 1,500년에서 1,200년 기간 동안, 가나안 지역은 이집트의 속국 형태로 여러 작은 도시국가들로 나뉘어 있었다. 이 시기는 이집트가 가나안을 통치했던 때이며, 벧산Beth-Shean과 같은 이집트 세력의 거점 도시에서는 이집트의 영향을 받은 이집트풍 토관clay coffins들이 발견되었다. 이집트 본토에서처럼 정교하지는 않지만, 관의 뚜껑은 죽은 자의 토르소를 상징적으로 표현하는 형태로 제작되었다. 이 관에 안장된 자들을 가나안 지역에 파견된 이집트 통치 세력의 일부로 추정하기도 한다. 벧산에서는 이집트 19왕조 파라오인 세티 1세Seti I와 람세스 2세Ramesses II의 기념비가 발견되기도 했다. 이 시기는 이스라엘 민족이 이집트 치하에서 벗어나 본격적으로 역사 무대에 그 존재를 드러내기 시작하는 때로, 고고학 전시관 입구의 이집트풍의 토관은 이 시기의 중요성을 상징적으로 반영한다.

단에서 발견된 다윗 왕조 비문
(이스라엘 정착기, 왕국시대 | 기원전 1,200년-587년)

　가나안 시대 전시관을 벗어나면 새로운 시대가 펼쳐진다. 이 시기는 이스라엘 민족이 가나안에 정착하고 통일 왕국과 분열 왕국을 형성한 시기다. 고고학적으로 보면 철기가 사용되기 시작되어 철기 시대라고 부른다. 기원전 1,200년경, 이스라엘 백성들이 출애굽 후 가나안 땅에 정착하면서 철기 시대가 시작

사진4. 가나안 시대 이집트풍의 토관군, 기원전 14세기-10세기 팔레스타인 중북부 지역 출토

되었다. 동시에 바다를 통해 들어온 블레셋Philistines 민족도 팔레스타인 서쪽 해안 지역에 자리 잡았다. 철기 시대 초기에 해당하는 전시관으로 접어들면 블레셋의 유물과 초기 이스라엘의 유물이 통로를 가운데 두고 양옆에 전시되어 있다. 마치 3,000여 년 전 이스라엘군과 블레셋 군이 엘라 골짜기Valley of Elah에서 대치하듯 그렇게 유리 진열대 너머로 서로를 마주한다.

블레셋의 유물과 이스라엘의 유물은 특히 토기에서 확연히 구분되는 면이 있다. 그리스에서 이주해 온 블레셋 사람들의 토기는 흑색과 적색 계통의 채색과 미케네 지역 전통의 풍부한 문양이 특징적이다. 그릇의 형태도 팔레스타인 지역에서는 볼 수 없는 새로운 형태가 많다. 반면 이스라엘의 토기는 밋밋하면서 이스라엘만의 독특하고 투박한 형태가 일반적이다. 그러나 세월이 흐르며 이 두 민족의 문화적 차이는 점차 좁혀지는 경향을 보인다. 초기에는 그리스 계통의 이주민인 블레셋 사람들이 셈족 계통의 이스라엘 사람들보다 신체나 문화 수준에서 더 우월했을 것이라 추정된다. 성경도 초기 철기 시대에는 블레셋이 이스라엘보다 더 강성했다고 기록한다.

초기 철기 시대를 벗어나면서 이스라엘은 부족 연맹체에서 왕국으로 발전했다. 다윗과 솔로몬 왕국 시기에 궁전, 공공건물, 성벽 등 이스라엘 자체 건축 문화가 본격적으로 형성되었다. 전시관에서는 철기 시대 팔레스타인 지역의 주요 건축물 입구를 특징적인 기둥머리 장식Proto-aeolic capital과 함께 재현하여 국가 발전 과정을 생동감 있게 보여준다. 전시물 중에 이 시기의 대표 유물로 다윗 왕조의 역사성을 입증하는 아람 왕 하사엘의 비문을 꼽을 수 있다. 기원전 9세기경으로 추정되는 이 전승 기념 비문은 이스라엘 왕국의 북쪽 경계 도시인 단에서 발견되었다. 하사엘Hazael의 치적을 열거하는 내용 중에 "다윗 왕조"House of David라는 언급이 나와, 성경 기록에 등장하는 다윗 왕조의 역사성을 고고학적으로 뒷받침한다.

 철기 시대 전시관은 이스라엘 민족을 중심으로 하되 그 주변 민족의 유물도 함께 보여준다. 특히 페니키아Phoenicia, 에돔Edom, 모압Moab, 암몬Ammon 등 주변 민족들이 섬겼던 신들의 상징물, 신전 관련 유물, 제의용 도구가 전시되어 있다. 이는 주변 민족의 신앙 체계가 전통적 가나안 종교 문화에 뿌리를 두고 있음을 보여주며, 이스라엘과 유다 왕국이 다신교적 문화의

사진5. 다윗 왕조 비문, 기원전 9세기 텔 단 출토

영향에 노출되어 있었음을 나타낸다. 이러한 영향의 대표적 예로서 유다 왕국 전역에 걸쳐 수천 점이 발견되는 주형 유다 토우Judahite Pillar Figurines가 있다. 가나안의 계보를 잇는 이 작은 인형 토우는 신전보다는 일반 주거지에서 제의나 주술적 보호, 다산과 풍요, 애도, 죽음 이후의 길잡이 등 복합적 의미를 지니며 사용되었다. 특정한 머리 장식 등 외모 특징을 통해 볼 때, 신과 사람을 연결하는 당대 고대 근동 일대의 여성 사제나 제의적 상징성을 띤 인물의 이미지를 반영하고 있는 것으로 분석된다.

기원전 8세기부터 6세기에 걸쳐 북이스라엘 왕국과 남유다 왕국은 아시리아와 바빌로니아에 의해 차례로 멸망했다. 아시리아의 수도 니네베Nineveh 궁전에는 기원전 701년 아시리

사진6. 라기스를 공격하는 장면을 묘사한 궁전 부조 복제본. 원본은 기원전 8세기-7세기 니네베 출토

아 왕 산헤립Sennacherib이 남유다 왕국 제2의 도시 라기스Lachish를 공격하는 장면을 묘사한 부조가 있다. 현재 그 원본은 대영 박물관에 있으며, 이스라엘 박물관은 이 역사적 장면을 묘사한 복사본을 철기 시대 전시관의 마지막 부분에 벽 전체에 걸쳐 배치했다. 이 부조 벽화에는 격렬한 전투 장면, 백성을 포로로 끌고 가는 모습, 그리고 유다 백성 일부를 처형하는 장면이 사실적으로 나타나 있다. 아시리아의 군사적 강압과 이스라엘의 저항, 그리고 침공 당시 남유다 지역의 전쟁으로 인한 참상을 생생히 보여준다. 산헤립의 침입이 있고 난 뒤 114년 후 바빌로니아 제국의 느부갓네살에 의해 솔로몬 성전은 파괴되고 유다 왕국은 멸망했다.

아케메네스 페르시아의 공예품
(페르시아-헬라 시대 | 기원전 539년-기원전 63년)

기원전 539년 바빌로니아 제국이 멸망하고 아케메네스 Achaemenid 페르시아 제국이 고대 근동 지역 전역을 통치하는 시대가 되었을 때, 바벨론 포로로 끌려갔던 유대인들은 팔레스타인으로 귀환을 허락받았다. 이때부터 멸망한 유다 왕국의 유민 출신인 이 사람들을 유대인이라고 부른다. 귀환한 유대인에 의해 재건된 예루살렘 성전은 서기 70년까지 약 600년간 지속되었다. 그래서 이 600년의 기간을 제2성전 시대라고 명명한다. 제2성전 시대는 고고학적 시대 명칭에서 벗어나 통치 제국이나 왕조의 이름으로 시대 명을 세분한다. 이 기간 동안 하스모니안 왕조 Hasmonean Dynasty와 로마 제국의 위임 왕조인 헤롯 왕조 Herodian Dynasty 기간을 제외하고 유대인들은 독립된 나라를 이루지 못하였다. 이스라엘 고고학 전시관에서는 이 600여 년간의 유물을 하나의 전시관에서 압축적으로 전시한다.

제2성전 시대 전시관의 초입에는 아케메네스 페르시아 시대에 유대 땅에 재정착한 유대인의 물질문화가 나타난다. 토착 팔레스타인 전통의 유물뿐 아니라 페르시아 특유의 단아하면서도 품격 있는 디자인을 보여주는 그릇과 공예품들이 전시되었고, 증가하는 그리스 수입 토기를 통해 그리스의 문화적 영향력 확대를 엿볼 수 있다.

바로 이어지는 전시관에는 기원전 331년 이후 알렉산더 대왕에 의해 시작된 헬라 시대의 유물이 전시되어 있다. 헬라 시대는 다시 프톨레마이오스 시대, 셀레우코스Seleucid 시대, 하스모니안 시대로 세분된다. 팔레스타인 지역에 그리스식 도시polis가 세워지는 이 시대부터 그리스의 다양한 문화 요소들이 팔레스타인 지역에 정착되었다. 발견되는 비석에서도 헬라어 비문을 자주 볼 수 있게 된다.

유다 총독 본디오 빌라도 비문
(초기 로마 시대 | 기원전 63년-서기 70년)

기원전 63년 팔레스타인은 로마 제국의 폼페이우스Pompeius에 의해 정복되었다. 그러나 그 이전 그리스적 물질문화 대부분은 지속해서 팔레스타인에 영향을 미쳤다. 헬라 시대 전시 유물에 이어서는 로마 제국의 위임 왕조인 헤롯 왕조의 창시자 헤롯Herod the Great이 남긴 문화적 유산이 소개된다. 헤롯 대왕의 치세 동안 건설된 성전 지대Temple Mount 건축물과 로마식 목욕 시설 등 공공 건축물의 일부가 전시되었다. 헤롯이 기존 성전을 크게 확장하고 주변 지역까지 대규모 공사를 진행한 흔적들을 통해, 예수 당시 예루살렘은 오늘날의 구시가지보다 훨씬 넓고 찬란했음을 알 수 있다. 고고학 박물관에 전시된 이러한 유적의 흔적은 2,000년 전 예루살렘의 화려한 건축 기술 및 도시 규모를 증명하며, 예루살렘 성전이 당대 유대인에게 끼쳤던 절대적 영향력을 엿보게 한다.

헤롯 왕조 시대 전시 유물 가운데 가장 큰 관심을 끄는 부분은 예수의 역사성과 관련된 유물일 것이다. 가이사랴에서 발굴된 석비에는 "유다 총독 본디오 빌라도"Pontius Pilate, Prefect of Judea

라는 명문이 새겨져 있어 예수의 재판과 십자가형을 역사적으로 뒷받침한다. 이 석비는 빌라도가 당시 로마 황제인 티베리우스Tiberius에게 헌정한 것이다. 또한 예루살렘 남부 지역의 한 상류층의 가족묘에서는 예수를 재판한 대제사장 가야바의 이름이 새겨진 뼈 상자가 발굴되었다. 뼈 상자에는 가야바의 전체 이름인 "요셉 바르 카야파"Joseph bar Caiapha라는 명문이 새겨져 있다. 이 전시관에는 당시 십자가형을 받은 인물의 발뒤꿈치에 박힌 못이 그대로 남아있는 유골이 전시되어 있다. 로마 제국 시대 실제 처형 방식에 대한 직접적인 고고학적 증거다. 십자가형은 로마 제국에서 최악의 범죄자에게 시행했던 사형 방식으로, 역사적으로 로마 제국에 의해 유다 지역에서 다수의 십자가형이 집행되었다는 기록이 전해진다.

　서기 1세기 초 로마 제국의 강압적 통치 방식은 예루살렘 성전 제의를 중심으로 한 유대인의 신앙 방식과 심각한 마찰을 빚으며 유대-로마 갈등을 증폭시켰다. 이로 인해 촉발된 유대인 반란은 서기 70년 로마에 의해 예루살렘 성전 파괴의 결과를 초래했고, 오늘날 성전 관련 직접적인 유물은 거의 남아 있지 않다. 반면 성전이 있던 위치에 서기 7세기에 세워진 황금돔 사원 Dome of the Rock은 현재까지 남아 예루살렘의 랜드마크가 되었다.

　서기 2세기 초 또 한차례의 유대인 반란으로 하드리아누스Hadrian 황제는 '유다'Judea라는 지역 공식 이름을 '팔레스티나'Palaestina로 변경했다. 이후 팔레스타인 지역에 대한 로마 황제의 직접 통치를 기념하는 건축물이나 로마 신전, 비문, 조각

사진7 "유다 총독 본디오 빌라도" 비문, 서기 1세기 가이사랴 출토

상 등 기념비적인 구조물이 발견되어 이 지역의 새로운 명칭 사용과 정치적, 문화적 전환을 증거한다. 제2성전 시대 전시관이 끝나는 지점에는 벳샨 인근 텔 살렘Tel Shalem에서 발견된 하드리아누스 청동상이 전시되어 한 시대의 종말과 새 시대의 시작을 상징적으로 보여준다.

고대 양피지 성경 사본
(사해사본 박물관)

1946년부터 1956년에 걸쳐 유대 광야의 쿰란Qumran 지역 동굴 11곳에서 약 2천 년 전의 고대 양피지 성경 사본들이 발견되었다. 기원전 2세기에서 서기 1세기경 제작된 이 양피지 성경 사본들을 사해사본Dead Sea Scrolls이라 부른다. 사해사본은 그동안 소실되거나 후대로만 전해 내려오던 성경 본문 연구에 결정적 단서를 제공한다. 이전까지 가장 오래된 히브리어 구약성경 사본은 10세기경에 만들어진 알레포 사본Aleppo Codex과 그보다 조금 후대인 레닌그라드 사본Leningrad Codex이었다. 쿰란 사해사본은 이들 사본보다 약 1,000년이나 더 앞선 시대의 것으로, 이를 통해 예수 시대 성경 본문의 형태를 직접적으로 확인할 수 있게 되었고, 성경 본문의 전승과 변천을 연구하는 데 있어 획기적인 자료로 평가된다.

쿰란의 사해사본을 보존하고 전시하는 사해사본 박물관Shrine of the Book은 단순한 박물관을 넘어 종교사적, 문화사적 중요성이 있는 상징적 장소로 인식된다. '성소'shrine라는 명칭이 시사하듯, 사본을 단순한 유물이 아닌 거룩한 텍스트로 바라보는 상

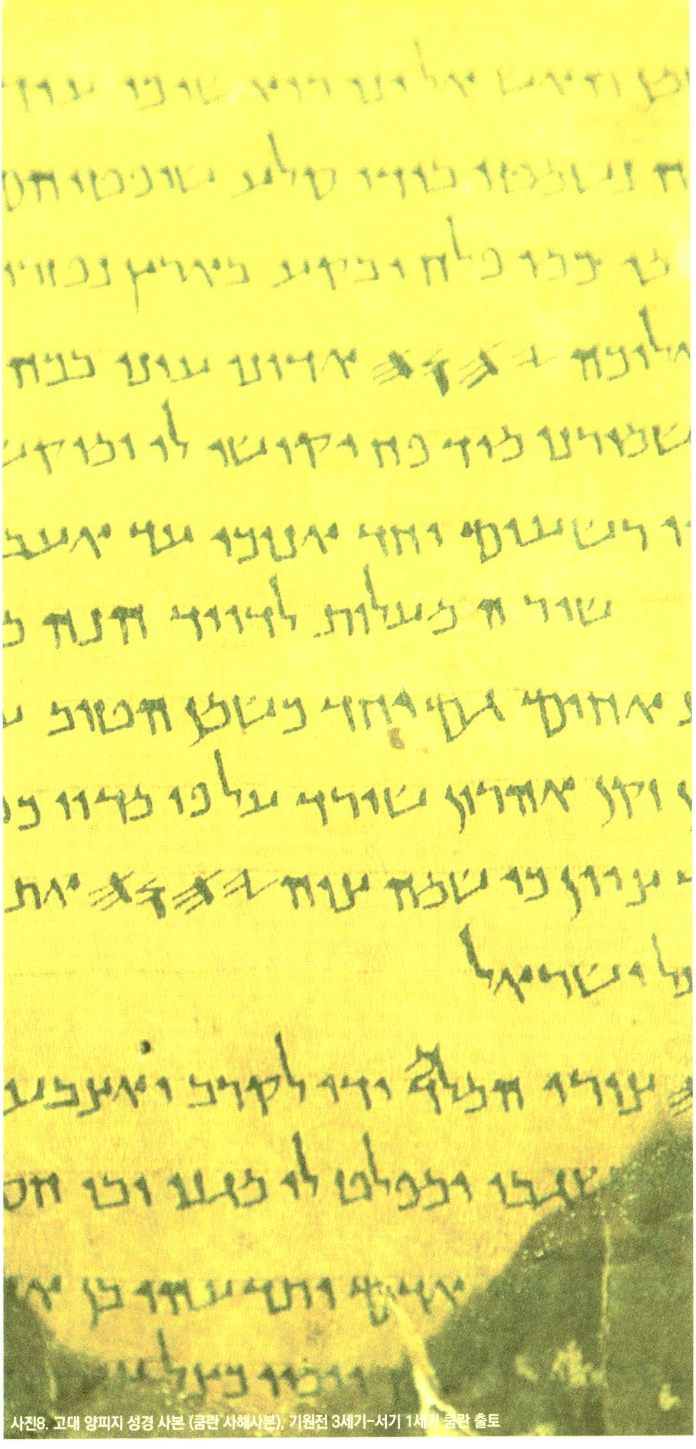

사진8. 고대 양피지 성경 사본 (쿰란 사해사본), 기원전 3세기-서기 1세기 쿰란 출토

징적 의미가 반영되어 있다. 통곡의 벽 이외에 유대인들에게 특별히 성스러운 공간으로 인식하는 장소가 흔치 않기 때문에, 이 박물관이 종교적·문화적 의미까지 겸비한 공간으로 자리매김할 수 있었다.

이러한 상징성, 그리고 보존 문제로 인해 사해사본 박물관은 기존 고고학 전시관이 아닌 새로운 별도의 건물로 기획되었는데, 박물관의 건물 외관은 하얀 돔 형태로, 동굴 속 양피지 두루마리를 보호하는 뚜껑을 형상화했다. 그리고 돔 외벽은 분수에서 뿜어져 나오는 물로 박물관 내부 온도를 조절하여 보존을 최적화했다. 원래는 박물관에 원본을 전시했지만, 현재 보존상의 이유로 핵심 이미지와 일부 원본 파편만을 전시하고 있으며 실제 대부분 원본은 안전한 장소에 별도로 보관 중이다.

예수 시대 예루살렘의 축소판
(사해사본 박물관 인근 야외 전시관)

사해사본 박물관 인근 야외에는 제2성전 시대 말기인 서기 66년경 제1차 유대-로마 전쟁 직전의 예루살렘을 1대 50 축척으로 재현한 모델이 있다. 서기 66년 예루살렘은 헤롯의 건축 사업에 의해 성전과 도시의 모습이 화려하게 탈바꿈하고 북쪽의 제3 성벽까지 건립되어 도시 역사상 최대의 번영을 구가하던 시기다. 이 모델이 만들어질 당시만 해도 예루살렘은 동과 서로 분리되어 있었고 성전 지대와 통곡의 벽이 위치한 동예루살렘으로는 접근이 불가능했다. 제2성전 시대 예루살렘 모델은 이러한 상황에 대한 대체 방안으로서 간접적으로나마 고대 예루살렘의 자취를 느껴보기 위한 취지로 만들어졌다. 그러나 이후 1967년 6일 전쟁으로 이스라엘이 동예루살렘을 점령함으로써 이 지역에 대한 유대인의 직접 방문이 가능하게 되었다.

제2성전 시대 예루살렘 모델을 통해 고대 문헌과 고고학 자료로만 접하던 시대상을 시각적으로 체험함으로써, 예수의 활동 무대이자 유대교의 중심이었던 제2성전 시대 예루살렘에 대한 이해를 높일 수 있다. 또한 이스라엘 박물관 내 사해사본 박물관 근처에 위치하여, 고대 성경 문헌과 물리적 환경이 결합한 종합적 역사 경험을 가능하게 한다.

역사적 정체성과 국가 정당성

　　이스라엘 박물관은 매우 발달한 전시 체계를 갖추고 있다. 전시관을 통해 소프트 파워의 위력을 유감없이 발휘한다. 이스라엘 박물관의 유물은 이스라엘이 약속과 성경의 땅임을 알아주길 기대한다.

　　이스라엘 박물관은 유대 민족의 역사적 정체성과 국가적 정당성을 강화하는 중요한 문화적 기관이다. 선사시대부터 현대에 이르는 유대인의 역사를 시각적으로 재현하며, 유대 민족이 오랜 세월 동안 겪어온 고난과 생존의 역사를 증명한다. 이스라엘은 1948년 건국 이후, 주변국과의 지속적인 분쟁과 팔레스타인과의 갈등 속에서 국가의 정체성을 유지해야 했다. 이러한 정치적 상황 속에서 이스라엘 박물관은 문화유산을 통해 유대 민족의 역사적 권리를 입증하고 국내외적으로 국가 정당성을 강화하려는 역할을 해왔다. 또한, 문화적 외교의 중심지로서, 전 세계 방문객들에게 이스라엘의 역사와 문화를 이해시키고, 성경의 물질 문화사를 소개하는 창구 역할을 한다. 박물관은 유대인의 뿌리 찾기 프로젝트와 같은 맥락으로 세대 간의 연속성을 유지하며, 문화적 결속을 다지는 역할 또한 담당하고 있다. 이스라엘이 건국 이래 늘 직면하고 있는바, 이러한 문화적 노력은 주변국과의 정치 상황과 불가분 관계 속에 맞물려 있다. 지속 가능한 발전과 평화를 위해서 주변국과 갈등 지수를 낮추는 것이 문화적 노력과 함께 해결해야 할 중대 과제라 하겠다.

요르단 박물관
The Jordan Museum

유물이 속삭임

사막, 문명, 그리고 태고의 만남

요르단 박물관The Jordan Museum은 고대 요르단의 역사와 문화를 한눈에 볼 수 있는 공간으로, 선사시대부터 현대에 이르기까지 다양한 시대의 유물을 전시하고 있다. 요르단은 지리적으로 문명과 사막의 경계에 위치한 나라로, 고대부터 현재까지 "변방이자 접점" 역할을 해 왔다. 요단강을 사이에 두고 기후와 환경, 문화가 이스라엘과 매우 흡사한 데칼코마니적인 특성을 보이면서도, 동쪽과 남쪽으로 황량한 광야 지역이 펼쳐져 있어 동지중해와 인접한 국가들과는 전혀 다른 문화적 특이성을 보인다.

이러한 면은 오늘날 요르단의 인구 구성적 측면에도 반영된다. 현재 요르단 인구의 두 주류는 요단강 서편 기원의 팔레스타인계 주민과 사막 문화에 익숙한 요르단계 원주민이다. 요르단 동쪽과 남쪽으로 펼쳐진 사막 지역은 고대 제국도 통제하기 쉽지 않은 곳으로 요르단 주민의 자존심을 반영한다. 역사적으로 모압Moab, 암몬Ammon, 에돔Edom과 같은 성경 속 고대 민족들이 살았던 지역이다.

요르단의 수도 암만Amman에 위치한 요르단 박물관에는 이러한 지역적 특성이 반영된 유물이 전시되어 있다. 기존 박물관은 암만 성채 언덕에 위치했으나, 2014년에 암만 내 라스 알-아인Ras Al-Ain지역의 현대적인 시설을 갖춘 신축 박물관으로 이전했다. 특히 요르단 왕실 주도로 설립 및 재건되었으며, 국가적 자부심과 역사 보존의 의지를 상징한다.

박물관 및 전시관 구조

요르단 박물관은 2층으로 구성되어 있으며, 연대순으로 유물을 전시한다. 1층은 선사 시대와 청동기 시대, 그리고 철기 시대의 모압, 암몬, 에돔 왕국을 거쳐 로마-비잔틴 시대까지 다룬다. 특히 로마 시대에 해당하는 나바테아 왕국Nabataean Kingdom과 페트라Petra 유적 관련 유물이 주목을 받고 있으며, 사해 사본 일부도 동선의 마지막 부분에 전시되고 있다. 전시관은 유물 외에 사진 자료 및 지도 등을 통해 문화유산에 대한 더 폭넓은 이해를 돕고 있다. 2층은 현대 요르단의 역사와 문화, 그리고 그 배경이 되는 이슬람 시대에 대해 다룬다. 어린이 교육 공간과 현대 요르단의 사회 통합과 발전을 강조하는 아랍 르네상스Arab Renaissance 관련 전시관도 마련되어 있다.

박물관 입구 홀에 들어서면 서기 2세기 나바테아 신전에서 출토된 시리아 기원 풍요의 여신 아타르가티스Atargatis가 관람객을 맞는다. 무슬림 국가의 국립 박물관에서 방문객을 처음 맞는 대표성을 띤 유물로 고대의 여신이라는 점이 일면 고개를 갸웃거리게 한다. 아마도 예술적 측면과 요르단의 역사 문화적 다양성을 통합적 관점에서 고려한 것으로 추측된다. 실제로 요르단은 아랍 무슬림 국가 중에서는 상대적으로 개방적인 사회-종교적 분위기를 느낄 수 있다.

고고학 전시관에 들어서며 특이한 부분은 유물 갤러리 관람에 앞서 요르단의 물이나 자연 같은 환경적 요소를 전시한다는 점이다. 수천 년간 문명과 사막이 만나는 환경의 척박함을 극복하며 요르단 땅을 살아온 그 거주민의 도전 역사를 칭송하며 자부심을 고취하려는 의도가 느껴진다. 요르단 박물관 고고학 전시관의 주인공은 각 시대를 살아가며 문화를 남긴 모든 거주민이며 이러한 개척의 역사는 오늘날에도 계속된다고 하는 교훈적 메시지는 요르단이 당면한 자원 부족의 극복 및 사회 통합의 과제와도 무관치 않다.

주요 관람 대상인 1층 고고학 전시관의 동선을 따라 연대순으로 배치되는 유물 중에서 특히 주목받는 두 부분은 신석기 시대 아인 가잘Ain Ghazal의 대형 회반죽 인형과 나바테아 왕국의 유물이다. 이 두 대표 유물은 각각 그 인형의 장구한 역사와 나바테아의 빼어난 기술 및 예술성으로 인해 요르단의 문화적 자존심을 높이는 데 기여한다.

모래 바람을 견디며

아인 가잘에서 출토된 인형군
(신석기 시대 | 기원전 10,000년-3,000년)

 요르단의 선사시대 종교적 유물은 이 지역 및 인접 팔레스타인 문화권이 초기부터 영적, 종교적 감각을 발전시켜 온 과정을 고고학적으로 증명하며, 선사시대부터 이어진 인류의 종교문화 형성과 변천을 이해하는 데 중요한 근거가 된다.
 신석기 전시관에서 특별히 주목을 끄는 유물은 아인 가잘Ain Ghazal에서 출토된 회반죽plaster 인형 군인데, 기원전 7,500년에서 기원전 5,500년경의 신석기 시대 유물이다. 이 인형들은 최대 1미터 정도 높이로 상당한 규모를 자랑하며, 토기가 만들어지기 전 시기에 해당하여 세계에서 가장 오래된 대형 인형상 중 하나로 평가받는다. 마치 창세기에서 인간 창조를 연상케 하는 인형이다. 이 인형은 짚으로 뼈대를 만들고 회반죽으로 살을 붙였으며, 정교하게 만든 얼굴과 신체를 묘사하고 있는데, 한 몸통에 두 머리가 붙어 있는 경우도 있다. 고대인들의 사후 세계나 신에 대한 믿음을 표현한 이 회반죽 인형은 농업이 본격화하기 전부터 인류가 깊은 종교적 관념을 가지고 있었음을 보여준다.

아인 가잘의 회반죽 인형 전시관을 나오면 곧 석동기 시대에 해당하는 기원전 4,500년에서 기원전 3,500년경에 제작된 텔레일랏 가슐Teleilat Ghassul의 벽화를 마주 대한다. 사해 북동쪽 석동기 시대 마을 집단의 일반 거주지 벽에서 발견된 여러 채색 벽화는 회반죽 바탕 위에 그려져 있으며, 다양한 장면이 묘사되었다고 추정한다. 그중에서 가장 대표적 장면이 고고학 전시관에 옮겨져 전시되고 있는데, 비록 상당히 파편화되어 있기는 하지만 벽화는 사제들이 가면을 쓰고 한 건물 앞에서 제의를 행하는 모습을 묘사한다. 이 벽화는 신에 대한 제사나 의식이 이미 수천 년 전부터 조직적으로 행해졌음을 보여주며, 석동기 시대의 생활과 신앙을 이해하는 데 중요한 자료다.

발루아 석비
(청동기 시대 | 기원전 3,000년-1,200년)

청동기 시대는 초기, 중기, 후기로 세분된다. 요르단 박물관에서 청동기 시대 전시관의 토기 등의 유물은 대체로 팔레스타인 지역과 상당히 유사한 경향을 보인다. 그러나 청동기 시대 전시관에는 상대적으로 눈에 띄는 두드러진 유물이 많지 않다. 요르단의 청동기 시대는 팔레스타인 지역과 마찬가지로

사진1. 신석기 시대 회반죽 인형군, 안형군, 기원전 8천 년대-6천 년대 아인 가잘 출토

여러 도시 국가들이 할거하던 시기이며, 기본적으로 가나안 문화의 일부였다. 약 기원전 1,500년에서 기원전 1,200년 사이에 해당하는 후기 청동기 시대에 요르단은 요단강 서쪽 가나안 지역과 마찬가지로 이집트 제국의 간접 통치 아래 여러 도시 국가 형태로 존재했다.

이러한 후기 청동기 시대 상황을 잘 보여주는 증거가 청동기 전시관에 전시된 발루아Balu'a 석비다. 요르단 남쪽 서해 지역인 발루아에서 발견된 후기 청동기 시대 발루아 석비는 가나안 왕이 이집트 신들로부터 통치의 정통성 부여받는 장면을 묘사하고 있다. 이 석비는 가나안 지역 통치자들이 이집트의 권위와 신성에 의존하여 자신의 지배력 및 정당성을 확보했음을 보여주는 중요한 시각 자료이며, 이스라엘 지역과 요르단 지역이 이집트 영향 아래서 비슷한 정치, 문화적 패턴을 공유했음을 시사한다.

모압 왕 메사의 기념 석비
(철기 시대 | 기원전 1,200년-539년)

기원전 약 1,200년경부터 시작하는 철기 시대는 구약성경 속 주요 이웃 민족인 모압, 암몬, 에돔이 본격적으로 등장한 시기이자, 물질 문화적으로 풍부한 자료를 얻을 수 있는 시기다. 초기 철기 시대부터 성곽을 두른 도시가 등장하며 이스라엘과 마찬가지로 후기 철기 시대에 접어들면서 더욱 발달한 문화적 증거를 보여준다. 이 시기는 이스라엘 왕국과 모압, 암몬 등 요르단 지역 왕국 간에 정치적 관계 및 국제 정세가 변화하는 시기이며 이러한 상황을 증명하는 유물도 발견된다. 동시에 후기

사진2. 발루아 석비, 기원전 13세기~12세기 키르벳 알 발루아 출토

철기 시대 요르단 지역의 제의품이나 형상들은 고대 근동 권역의 종교적 혼합, 신앙 대상을 형상화하는 전통, 그리고 이집트 및 가나안 문화의 영향력을 확인할 수 있게 한다.

후기 철기 시대에 요르단에서 발견된 대표 유물로는 디본Dibon 지역에서 발견된 모압 왕 메사의 기념 석비Mesha Stela를 꼽을 수 있다. 이 석비는 기원전 9세기에 제작된 유물로, 모압 왕국의 승리와 독립을 기념한 것이다. 석비에는 모압 왕 메사가 북이스라엘의 오므리Omri 왕조로부터 해방되었음을 자랑스럽게 기록하고 있다. 이는 성경의 기록과 연계되어 성경 기록의 역사성 등을 고고학적으로 뒷받침하는 중요 자료이며, 당시 모압과 이스라엘의 관계를 이해하는 데 중요한 유물이다. 요르단 박물관에 전시된 메사의 석비는 원본이 아니며, 원본은 루브르 박물관에 있다.

사진3. 모압 왕 메사의 기념 석비 복제본, 원본은 기원전 9세기 디본 출토

또다른 후기 철기 시대 주요 유물로는 암만Amman 성채에서 발견된 암몬 왕국의 인형 석상들이 있다. 이 석상들은 기원전 8세기 전후의 유물로, 왕이나 신을 묘사한 것으로 추정한다. 이러한 형태의 석상은 암만 지역에서 특징적으로 발견된다. 일부 비문이 새겨져 있는 석상은 그 석상이 암몬의 통치자 '예라 아자르'Yerah 'Azar 임을 알려준다.

석상 중 일부는 이집트 양식의 오시리스 관Atef Crown을 쓰고 있으며 이집트 양식 특유의 뻣뻣한 자세를 취하고 있다. 이는 고대 요르단이 주변 강대국 문화의 영향을 받았음을 보여준다.

철기 시대 전시관에 전시된 유물 중 제의적 의미를 담고 있는 주목할 만한 유물은 기원전 8세기경으로 추정되는 여신상 추정 유물이다. 여성의 양면 두상은 넓적한 얼굴과 독특한 귀 모양 등 이집트 여신 하토르Hathor를 연상시키는 특징이 있다. 원래 색상이 있었을 것으로 추정되며, 당시 신상에 페인트를 칠해 생동감을 높였음을 보여준다. 이집트와 같은 주변 강대국의 신성한 이미지가 현지 요르단 지역 종교 체계에 수용되고 재해석되는 과정을 반영한다. 또 다른 주목할 만한 제의적 유물은 펠라Pella에서 출토된 토제 향단으로 기원전 12세기에서 10세기 사이에 제작되었을 것으로 추정된다. 이 시기에는 팔레스타인과 요르단 지역 전역에서 이러한 토제 향단clay incense burner이 다량 발견된다. 이러한 특정 제의 기구의 유행은 당대 사람들의 제의 관념에 변화가 있음을 시사한다. 이 향단은 중앙 집권적 제의가 완전히 정착되기 전 가정 제의용이나 소규모 단위의 제의용으로 흔히 사용되었을 것이다. 제단 상부 귀퉁이에 아스다롯Astarte 계열 여신으로 추정되는 두 인물의 두상이 있고, 하층부에는 누드 여성이 사자와 함께 표현되는 전형적 가나안적 도상iconography을 보여준다. 상부에서 탄화 흔적이 발견되어, 향이나 제물을 태우는 제의에 사용되었을 가능성이 높다.

나바테아 신전의 조디악 신상
(나바테아 왕국 | 기원전 2세기-서기 1세기)

나바테아 왕국은 기원전 2세기경부터 서기 1세기까지 사해 동쪽, 요르단 남부 및 사우디아라비아 북부 일대에서 향신료, 향료 등의 중개 무역을 통해 번영했다. 사막 지형에 숙달된 나바테아인들은 로마 제국이나 파르티아Parthia 제국이 손쉬운 개입을 하기 어렵던 특수한 환경을 활용해 독자적인 문화와 경제 권력을 구축했다. 중개 무역으로 인근 헬라, 로마, 이집트, 시리아 문화와 폭넓게 교류함으로써 미술, 건축, 토기 공예 등에서 여러 문화 요소가 융합된 독특한 문화유산을 형성했다. 다양한 문명권이 만나는 경계 지역에서 꽃피운 나바테아 문화는 오늘날에도 문명 융합의 상징으로 학술과 관광 분야에서 주목받고

사진4. 나바테아 신전의 조디악 신상, 서기 1세기-2세기 키르벳 에드 다리흐 출토

있다. 나바테아 왕국의 수도 페트라Petra는 요르단에서 가장 유명한 유적지 중 하나다. 발달한 공학 기술 바탕으로 도시 전체가 바위를 파서 만들어진 것으로 유명하다.

나바테아 전시관에 들어서면 페트라에서 출토된 신상과 그릇들이 전시되어 있다. 얇고 널찍한 대접을 위주로 각종 그릇에 기하학적 무늬와 식물 문양이 특징인 나바테아 그릇들은 심미성과 실용성을 겸비하고 있어 로마 제국에서 호평을 받았다. 페트라 내 신전을 비롯해 사막 여러 유적지에서 발견되는 나바테아 신상들은 헬레니즘, 이집트, 시리아 등 주변 문화의 요소가 결합한 모습을 보인다. 전시관 한쪽 벽면을 채운 조디악zodiac 신상은 사해 남동부에 위치한 키르벳 에-다리Khirbet edh-Dharih의 신전 전면부를 장식하는 거대한 부조 장식이다. 나바테아인들은 다신교적 종교관을 가지고 있었고 이 신전은 폭풍과 비, 그리고 풍요를 관장하는 신들을 주로 섬겼다고 추정된다. 조디악 신상이 신전의 중심적 위치에 묘사된 것은 농사력과 관련한 천체의 중요성을 고려한 것으로 보인다. 이 신상 건축물을 통해 나바테아인들의 종교와 우주관, 그리고 신을 융합적 스타일로 형상화하는 독특한 예술 전통을 엿볼 수 있다.

서기 106년 나바테아 왕국은 로마 제국에 병합되어 로마의 속주로 전락했다. 요르단 지역의 중북부는 로마-비잔틴 시대에 데가볼리Decapolis 문화권 중 일부로 편입되어 번영을 누렸으며, 당시 로마 문화의 흔적과 건축 유적들이 지금까지 보존되어 내려온다.

성전 보물 지도 사해 구리 사본
(사해 사본관)

　1층 고고학 전시관의 동선을 마감하는 마지막 전시실은 사해사본을 보여준다. 사해사본은 원래 요르단 관할하에 동예루살렘 소재 록펠러 박물관에 주로 보관되어 있었다. 1967년 6일 전쟁 직후, 이스라엘군이 동예루살렘 지역을 장악하면서 사해사본도 자연스럽게 이스라엘 측 관할로 넘어갔다. 요르단은 이스라엘로 넘어가지 않은 일부 사해사본을 여전히 보유하고 있는데, 그 대표적인 것이 서기 70년 예루살렘 멸망이 임박해 올 즈음에 제작되었으리라고 추정되는 '구리 사본' Copper Scroll이다. 구리로 제작된 이 사해 사본은 예루살렘 멸망 전 숨겨진 금은보물의 위치 64곳과 그 수량을 기록한 것으로, 매우 희귀한 유물이다. 실제 보물을 발견했다는 보고는 없으며, 로마 시대에 이미 수탈되었거나 여전히 어딘가에 숨겨져 있을 가능성 등이 제기된다. 이 사본은 예루살렘 성전의 파괴라는 비극적 상황과 맞물려 다양한 추측을 만들어 낸다.

사진5. 사해 구리사본. 서기 1세기 쿰란 출토

환경 극복의 자부심과 사회 통합 과제

새로운 혁신의 시작은 종종 사막에서 비롯되었다. 사막은 모든 것이 버려진 듯 하나 모든 가능성을 품고 있는 곳이다. 단순하지만 근본적인 질문을 안고 많은 수도자가 요르단의 사막을 찾았다. 수십 일 죽음의 사막 길을 통과하여 마침내 문명의 입구에 다다른 고대의 향료 상인들에게 요르단 땅은 자부심과 생명의 감격으로 다가왔을 것이다. 문명과 사막의 경계 요르단 땅의 유물은 이러한 가능성과 자부심을 간직하고 있다.

요르단 박물관은 요르단의 역사적 정체성과 문화적 자부심을 대표한다. 박물관은 고대부터 현대까지의 역사를 통합적으로 전시하며, 특히 사막과 문명의 경계에서 번성한 다양한 문화를 보여준다. 요르단은 천연자원이 부족하지만, 역사와 문화유산을 통해 사회 통합과 국가 정체성을 강조한다. 팔레스타인계

인구가 다수를 차지하는 요르단은 이러한 문화적 다양성을 국가 발전의 원동력으로 삼고자 한다. 특히, 어린이와 청소년을 위한 교육 공간은 미래 세대에게 역사와 문화를 전수하는 중요한 역할을 한다. 대승적 차원에서의 문화 교육 강조는 요르단이 처한 상황을 발전적으로 개선할 주요 돌파구라고 여겨진다.

사진6. 요르단 박물관 전경

94

문학속으로

베이루트 박물관
National Museum of Beirut

페니키아인과 지중해의 바닷길

　　레바논의 베이루트 박물관 National Museum of Beirut은 페니키아 문명의 중심지였던 레바논의 고대 유산을 보존하고 있으며, 청동기 시대에서 철기 시대, 로마-비잔틴 시대, 그리고 이슬람 시대에 이르기까지 각 시대의 중요한 유물을 전시하고 있다. 레바논 지역의 중요 고대 도시로는 해안을 따라 두로 Tyre, 시돈 Sidon, 비블로스 Byblos 등이 있다. 이들 도시는 기원전 1천년대 전반에 인접한 북이스라엘 및 남유다 왕국에 적잖은 문화적 영향을 끼쳤다. 베이루트 박물관은 다양한 시대를 아우르는 고고학적 유물을 통해 레바논의 복잡하고 풍부한 역사적 맥락을 보여준다. 유물들은 레바논이 지중해를 중심으로 한 문화적 교류와 무역의 중심지였음을 잘 보여주며, 종교, 문화, 경제가 긴밀히 연계된 생활상을 반영한다. 페니키아 문화는 더 고대로 거슬러 올라가 청동기 시대 가나안 문화와 이어진다.

베이루트 박물관은 1942년에 건립되었다. 이 박물관은 프랑스 통치 시기인 1920년대부터 유물 수집을 시작했으며, 1946년 레바논 독립 직전에 완공되었다. 베이루트 박물관은 페니키아 문명과 레바논의 역사를 중심으로 다양한 시대의 유물을 전시하고 있다. 박물관은 1975년에서 1991년까지 지속된 레바논 내전으로 큰 피해를 보았지만, 2016년에 복원이 완료되어 지하 수장고를 전시관으로 추가 개조하는 등 새롭게 단장했다.

박물관 및 전시관 구조

베이루트 박물관은 지하 1층과 지상 2층으로 나뉜다. 1층은 로마-비잔틴 시대 대형 유물을 중심으로 전시되며, 철기 및 청동기 시대 유물도 포함되어 있다. 박물관 입구를 들어서면서 펼쳐지는 석관과 모자이크가 방문객의 시선을 사로잡는다. 2층은 선사시대부터 아랍 시대까지의 유물을 연대순으로 전시한다. 지하는 매장 문화와 무덤 전시관으로, 페니키아 석관 컬렉션Ford Collection이 주요 전시물이다. 박물관은 효율적인 전시 동선과 적절한 규모로 구성되어 있어 관람 만족도가 높다. 특히 페니키아 유물에 관해서 최고를 자랑하는 박물관이다.

베이루트 박물관을 들어서면 로비 정면으로 1층에서 2층 사이에 전통적인 페니키아 의상을 입은 여성이 알레프א부터 타프ת까지 페니키아 알파벳 22개가 새겨진 석판을 들고 있는 모습을 볼 수 있다. 박물관에는 페니키아 알파벳이 새겨진 비문과 석판들이 전시되어 있다. 페니키아 알파벳은 현대 알파벳의 기원으로, 고대 그리스와 로마 문명에 큰 영향을 미쳤다. 이 알파벳은 무역과 교역을 통해 지중해 전역으로 퍼져나갔다.

사진1. 알파벳 석판을 든 페니키아 여성을 묘사한 부조, 현대 제작

에메랄드 파도를 헤치며

신전에 바쳐진 소형 금속 인물상
(청동기 시대 | 기원전 3,000년-1,200년)

중기 청동기 시대에 지어진 비블로스의 오벨리스크 신전 Temple of the Obelisks에는 많은 오벨리스크가 발견되어 레바논과 이집트 간의 활발한 무역과 문화 교류를 짐작케 한다. 이 신전에서 발견되는 오벨리스크는 고대 신에게 바치는 헌물로, 종교의식에서 중요한 역할을 했다. 이 중 한 오벨리스크에는 가나안의 역병과 전쟁의 신 레세프Resheph에게 죽은 선왕의 명복을 비는 의미로 헌물되었다는 비문이 기록되어 있으며, 현재 베이루트 박물관 1층 홀에 전시되어 있다. 가나안 문화는 레바논과 팔레스타인 지역까지 포함하는데, 이집트의 영향이 혼합된 가나안 문화를 통해 청동기 및 철기 시대의 레바논 지역 문화가 형성되어 있다. 오벨리스크 신전을 비롯하여 인근 신전들에서는 천여 점 이상의 소형 금속 인물상이 발견되었다. 이들은 아마도 헌물이나 종교의식과 관련하여 사용된 것으로 추정된다. 이러한 인물상은 주로 남성 전사를 묘사하며 남성 신에게 바쳐진 헌물임을 짐작게 한다. 머리 관과 제스처에서는 강한 이집트적 영향력을 느끼게 한다. 2층 청동기 시대 전시관에서 이러한 소형 인물상을 감상할 수 있다.

소형 유물이 주로 전시된 2층에 진열된 청동기 시대와 철기 시대 유물은 가나안의 문화가 어떠했는지를 가늠케 한다. 특히 토기와 토우를 통해서 당시 일상생활과 종교의식을 엿볼 수 있다. 토기는 팔레스타인 지역과 마찬가지로 가나안 문화의 전형적인 토기 형태를 띠며, 키프로스 문화와의 교류를 반영하기도

사진2. 오벨리스크 신전의 소형 청동상들, 중기 청동기 시대 비블로스 출토

한다. 중기 청동기 시대 오리 부리형 도끼duckbill axe는 셈족 문화의 대표적인 전투 도구이며, 이집트에도 전파되어 이 시대에 가나안과 이집트 사이에 문물 활동이 활발했음을 짐작게 한다.

세계 최대 규모의 페니키아 석관 컬렉션
(철기 시대, 페르시아-헬라 시대 | 기원전 1,200년-65년)

    페르시아-헬라 시대에 페니키아 해안 도시에서 자주 발견되는 '아스다롯 보좌'Throne of Astarte는 돌을 조각하여 만든 보좌상으로 정교한 장식과 스핑크스 형태의 받침이 특징이다. 전쟁의 여신 아스다롯은 풍요의 여신 아세라Asherah와 함께 대표적인 가나안 여신이다. 이 모티브는 이미 청동기 시대 가나안 문화까지 거슬러 올라가는 오랜 전통을 가지고 있으며, 당시의 예술적 감각과 기술력을 잘 보여준다. 신이 앉는 보좌라는 의미를 지녀

사진3. 아히람의 석관, 기원전 10-8세기 비블로스 출토

주로 신전에서 많이 발견되지만, 왕의 보좌를 묘사할 때 사용되기도 했다.

    페니키아 시대의 석관들은 고대 레바논 지역의 장례 문화를 이해하는 데 중요한 자료다. 특히 무덤에 새겨진 비문과 장식들은 사후 세계에 대한 믿음과 사회적 지위를 반영하고 있다. 비블로스에서 출토된 아히람 왕의 석관Ahiram sarcophagus은 페니키아 왕 아히람의 무덤에서 발견되었다. 기원전 10세기경으로 추정하는 이 석관에는 페니키아 문자가 새겨져 있어, 고대 페니키아 언어와 문자를 연구하는 데 중요한 자료다. 석관에 새겨진 비문은 무덤 훼손 금지와 경고의 내용을 담고 있으며, 고대 왕실 장례 의식과 사후 세계에 대한 믿음을 보여준다. 얕은 부조로 새겨진 석관의 사면에는 가슴과 머리를 쥐고 애도하는 여인들의 모습과 아스다롯 보좌에 앉아 음식을 공양받는 왕의 모습

사진4. 페니키아 석관 컬렉션, 기원전 4세기 시돈 출토

이 묘사되어 있다. 박물관 지하층에는 2014년에 조성된 세계 최대 규모의 페니키아 석관 컬렉션Ford Collection이 있는데 이 석관들은 주로 시돈에서 발굴되었다. 하얀 대리석으로 만들어진 이 석관들은 이집트의 전통 매장 방식처럼 시신의 얼굴 부분을 마스크로 덮었지만, 그 마스크에 묘사된 인물은 그리스풍이다. 이러한 모습은 석관이 만들어진 페르시아 시대의 융합적 문화 기류를 잘 반영한다. 정교한 석관은 부유층이 사용했으며 일반 서민은 더 간소한 장례 방식을 택했다. 지하층에서는 또한 페니키아의 장례 풍습 중 대표적으로 계단형 지하무덤을 사용하는 가족묘 형태가 전시되어 있다. 두로 지역에서 발견된 이 로마 시대 무덤 내부에는 무덤 중앙홀을 장식한 생생한 매장 벽화을 통해 고대 페니키아인들의 사후관을 엿볼 수 있다.

  철기 시대 코너에는 원숭이, 하마, 난쟁이 등 가정과 개인을 보호하기 위한 각종 형태의 주술용 소형 조각상이 많이 발견되며, 목걸이 형태의 부적도 발견된다. 이집트 기원 신들이 소재가 되는 경우가 많아서 가나안 문화에서 이집트적 영향력이 어떠했는지를 짐작케 한다. 페르시아-헬라 시대에는 생활 유물에서 그리스의 영향력이 크게 증대되는 것을 느낄 수 있다. 예를 들어, 헬라 시대 타나그라Tanagra 스타일의 세련된 토우는 당대 지중해 일대에 크게 유행했던 그리스 히트 상품이다. 마치 르네상스 화가 엘 그레코El Greco가 그린 인물을 보는 듯 길쭉하고 우아하게 여러 조각으로 나누어 정교하게 제작한 인물상이 특징이다.

  박물관 1층 전시홀 한쪽에는 페르시아 왕궁 등에서 많이 발견되는 황소 상반신 모양의 기둥머리 장식capital이 전시되어 있다. 강력한 해상능력을 보유한 페니키아 도시 왕국들은 육상 병력이 주종이었던 페르시아 제국에게 해군 자원을 제공하는 중요 공급원이었기에 페르시아 제국으로부터 특별한 대우를 받았다. 기원전 480년 벌어진 살라미스 해전Battle of Salamis에서도 페니키아 함대는 페르시아 해군의 핵심 자원이었으나 그리스 연합군에게 패배했다.

영웅적 죽음을 묘사한 아킬레우스 석관
(로마-비잔틴 시대 | 기원전 64년-서기 7세기)

박물관 1층은 철기 시대 아히람 석관뿐만 아니라 로마 시대에 제작된 여러 화려한 석관들을 볼 수 있다. 로마 석관은 서기 2-4세기에 주로 제작되었으며 사실적인 인물 묘사가 특징이다. 석관 장식은 그리스와 로마 신화 장면을 주로 묘사하며 죽음 극복을 상징하는 요소를 포함한다. 이 중에서 대표적으로 아킬레

사진5. 아킬레우스 석관, 서기 2세기 두로 출토

우스 석관Achilles Sarcophagus은 그리스 신화의 영웅 아킬레우스의 이야기를 묘사한다. 석관에 새겨진 장면들은 트로이 전쟁의 주요 사건들을 표현하며, 당시 장례 문화와 예술적 취향을 반영한다. 또 다른 잘 알려진 석관으로 에로스의 춤과 노래 장면을 묘사한 에로스 석관Eros Sarcophagus이 있는데 망자의 얼굴이 완성되어 있지 않아 아마도 미완성 석관일 가능성이 있다. 영웅적 담대함으로 또는 에로스적 신비로움으로 죽음을 맞이하고자 했던 고대 페니키아인들의 사고를 엿볼 수 있다.

　　1층 홀 중앙 바닥에는 바알벡Baalbek에서 출토된 모자이크가 있다. 이 모자이크는 로마 시대의 예술과 건축을 대표하는 유물 중 하나로 일곱 현인Seven Sages of Greece과 소크라테스를 묘사하고 있으며, 고대 철학과 예술이 결합한 모습을 보여준다. 이 외에도 1층 전시홀에는 그리스 신화 및 로마 인물을 주제로 한 로마 시대 제작 조각상과 모자이크를 볼 수 있다.

　　2층의 로마-비잔틴 시대 전시관에는 유리 제품이 특히 주목할 만하다. 이러한 제품은 해상 교역에 능했던 페니키아인들의 기술과 무역 상황을 보여준다. 페니키아와 인접한 시리아는 유리 불기 제작 기술이 처음 시작된 지역으로 알려져 있다. 초기 단계 유리 제작 기술은 이미 동서양 여러 지역에서 수천 년 전부터 알려져 왔지만, 로마 시대에 이르러 기술적으로 발전한 투명 재질의 유리 제품이 본격적으로 사용되기 시작했다. 이 유리 제품은 귀중품으로서 부장품으로도 많이 사용되었으며, 정교한 디자인과 색상이 특징이다.

레바논이라고 쓰고 페니키아라 읽는다

　베이루트 박물관의 유물은 바다와 육지를 누볐던 역동적인 페니키아 도시국가들의 삶의 흔적이다. 레바논산맥은 중동의 알프스라고 불릴 정도로 경관이 수려하며, 레바논의 수도 베이루트는 1975년 레바논 내전이 발발하기 전까지 '중동의 파리' Paris of the Middle East라고 불릴 정도로 문화, 금융, 건축, 예술의 중심지였다. 베이루트 박물관은 이러한 레바논의 문화적 자부심과 역사적 정체성을 상징한다. 페니키아인의 후예로 자부하는 레바논 사람들은 알파벳의 기원과 해양 무역의 역사를 소중히 여긴다. 그러나 레바논 내전과 현대 중동 분쟁으로 인해 박물관과 문화유산은 지속적으로 위협을 받아 왔고 그 불안정한 상황은 지금도 현재 진행형이다.

이러한 상황 속에서도 레바논은 문화유산 보존과 복원을 통해 자국의 정체성을 지키고자 노력하고 있다. 베이루트 박물관은 성경 속 고대 가나안의 문화, 그리고 지중해 전역을 누리며 다양한 문화를 통합적으로 재창조했던 페니키아인의 유산을 잘 간직하고 있다. 이러한 고대 페니키아 문화의 다면적 모습은 오늘날 레바논의 다양성과 복잡성에 역사적 기시감을 제공하는 듯하다. 박물관은 크지 않은 규모지만, 페니키아만이 보여줄 수 있는 세련되고 열정 넘치는 문화적 자부심을 우아하게 전달하고 있다. 페니키아의 자부심이 빛을 발하기 위해 중동의 평화와 문화유산의 안정적 보존이 시급한 과제라 할 것이다.

사진6. 베이루트 박물관 전경

대마스쿠스 박물관
National Museum of Damascus

고대 근동의 사통팔달

헨리 키신저Henry Kissinger는 "시리아 없이 중동의 평화를 이룰 수 없다"라는 말을 했다. 예로부터 시리아는 아시아, 아프리카, 유럽이 육로로 만나는 지정학적 중심축keystone이었다. 시리아의 동쪽 경계에 가까운 데이르 에조르Deir ez-Zor 지역은 메소포타미아 문화가 강하게 자리 잡고 있었다. 서쪽으로 오늘날 레바논을 일부 포함하는 지중해 주변 지역은 고대에 시리아의 일부로서 항구를 통해 그리스와 이집트 문화가 메소포타미아로 진입하는 창구였다. 알레포Aleppo를 중심으로 한 시리아 북부 지역은 고대 튀르키예 지역인 아나톨리아 문명권에 속하여 히타이트적Hittite 문화 특성을 보인다. 또한 시리아 남서쪽으로는 팔레스타인을 거쳐 이집트까지 이른다. 이 모든 문명이 만나는 곳 시리아는 명실공히 고대 중동 문명의 사통팔달이라 할 만 하다.

다마스쿠스 박물관National Musoum of Damascus은 이러한 다양한 고대 문화를 아우르는 유물들을 전시하며, 시리아가 고대부터 중세에 이르기까지 주요 문명의 교차로였음을 보여준다. 시리아에서 가장 크고 오래된 이 박물관은 1919년에 처음 세워졌고 1936년에 현재 위치로 이전했다. 그러나 박물관은 시리아의 정치적 불안정과 내전으로 인해 관리와 운영에 어려움이 많다. 특히 최근의 국가적 격변은 문화 강국 시리아의 미래를 더욱 불투명하게 한다. 현재 박물관 공식 웹사이트도 제대로 운영되지 않아, 민간단체가 설립한 가상 박물관을 통해 유물과 전시를 간접적으로 체험할 수 있다. 시리아의 풍부한 문화유산을 보존하고 활용하는 데 국제사회의 도움과 협력이 절실한 상황이다.

박물관 및 전시관 구조

다마스쿠스 박물관은 크게 1층과 2층으로 나뉘어 있다. 1층은 고대 유물 전시관으로, 청동기 시대, 철기 시대, 헬라, 로마, 비잔틴 시대, 그리고 이슬람 시대의 유물이 전시된다. 입구에서 왼쪽으로는 고대 시리아 문명과 메소포타미아 문명에 속한 유물이 주로 소개된다. 정면과 오른쪽으로는 헬라, 로마, 비잔틴 시대의 유물이 시대별로 구분되어 전시된다. 2층은 선사시대와 현대 미술관으로 구성된다. 선사시대 전시관은 구석기 시대와 신석기 시대의 유물을 전시하며, 인류 초기 정착지로서 시리아의 역사를 다룬다. 현대 미술관은 시리아 예술가들의 작품을 중심으로 전시하고 있으며, 과거와 현재를 연결하는 예술적 표현을 보여준다. 이 박물관은 시리아의 다양한 문화적 유산을 한눈에 볼 수 있는 공간으로, 시대와 문화를 아우르는 포괄적인 전시를 제공한다.

다마스쿠스 박물관 입구에는 시리아 사막에 위치했던 우마이야 왕조Umayyad Dynasty의 성채 '카스르 알-하이르 알-가르비'Qasr al-Hayr al-Gharbi가 통째로 옮겨져 박물관 건물의 정면을 장식한다. 서기 7세기부터 시작된 이슬람 시대는 우마이야 왕조의 수도가 다마스쿠스에 세워지면서 중요한 전환점을 맞이했다. 중동 지역에서 이슬람 확장에 중요한 역할을 했던 우마이야 왕조 시기에 시리아는 이슬람 문화와 함께 다양한 문화가 공존했던 시기다. 박물관 입구의 우마이야 성채는 페르시아와 비잔틴 요소가 결합하여 세련된 건축 기술과 예술 양식을 보여주며 우마이야 왕조의 수도였던 다마스쿠스의 영광을 재현하려는 듯 서 있다.

사진1. 우마이야 왕조의 성채로 장식한 다마스쿠스 박물관 입구 모습

말발굽 메아리를 들으며

우가리트에서 출토된 가나안 신상들
(청동기 시대, 철기 시대 | 기원전 3,000년-539년)

시리아에서는 기원전 4,000년에서 기원전 5,000년경부터 본격적으로 마을이 형성되기 시작했다. 청동기 시대는 기원전 3,000여 년 남짓부터 시작되며, 이 시기는 시리아에서 도시국가가 형성되기 시작한 시기다. 청동기 시대에 시리아와 가나안은 유사한 생활 방식을 가지며 문화적으로 연결성을 보인다. 철기 시대는 기원전 1,200년경부터 시작되며, 철제 도구와 무기의 사용이 확산한 시기다. 이 시기 시리아는 메소포타미아 문명과 에게해Aegean 문명의 영향을 받으며 혼합된 문화 특징을 보인다.

청동기 시대의 전시 유물은 마리Mari, 에블라Ebla, 우가리트Ugarit 등 당대 주요 도시에서 주로 발굴되었다. 초기와 중기 청동기 시대에 걸쳐 번성한 마리는 시리아의 동쪽 경계에 위치한다. 유프라테스강 중류에 위치한 마리는 교통의 요충 지대에 있으며, 기원전 3천 년대에서 2천 년대 초반까지 번성했다. 이곳에서 발굴된 다양한 유물은 주변의 수메르, 아카드와 바빌로니아의 문화를 잘 반영하며, 시리아-메소포타미아에서 마리가 이들 지역과 펼쳤던 광범위한 교류를 짐작게 한다. 마리에서 출토된 공손한 간구의 자세로 신 앞에서 예를 갖춘 모습의 인물상은 신전에 바쳐진 공물로, 당시 종교의식과 예배 문화를 엿볼 수 있다. 기원전 3천년대 중엽에 만들어진 이러한 남녀 인물 석상은 신전에서 발견되었는데, 인물상 뒷면에 새겨진 비문을 통해 이들이 정치, 행정, 종교를 관장하는 엘리트 계층의 신봉자들이었음을 알 수 있다. 또한 이 인물상을 통해 당시 양이나 염소 등의 가죽과 털로 엮은 옷을 입었던 당대의 복식 관습이나 헤어 스타일 등을 볼 수 있다. 이들은 매우 섬세하고 예술적으로 조형되었고 라피스 라줄리Lapis Lazuli와 조개껍질 등을 이용하여 표현된 눈과 평온하게 미소 짓는 표정은 이상적으로 표현된 숭배자 분위기를 연출한다. 마리에서 출토된 주목할 만한 유물 중 하나는 유프라테스강 남부에 위치한 우르Ur의 왕이 마리의 왕에게 선물한 상상의 동물 안주Anzu 형상의 가슴판 장식인데, 금과 라피스 라줄리로 섬세하게 제작되었다. 안주는 새의 상체에 물고기 꼬리를 한 상상의 동물로 악귀를 쫓는 수호 역할을 한다.

마리에서 발견된 흥미로운 유물 중 하나는 자개mother of pearl로 만든 장식품이다. 우리나라의 자개 장식을 연상케 하는 마리

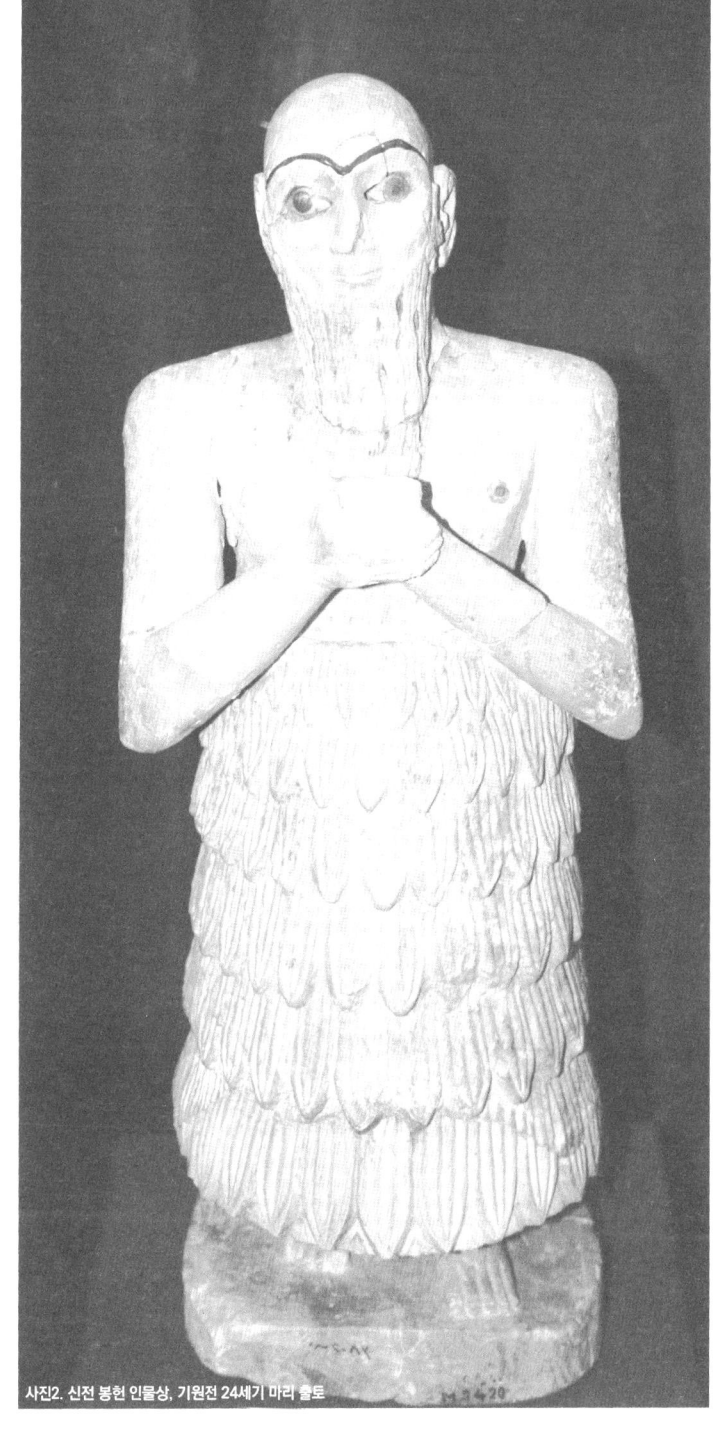

사진2. 신전 봉헌 인물상, 기원전 24세기 마리 출토

의 자개 장식품은 오랜 전통을 가진 유물로, 고대 중동에서도 자개를 장식에 사용했음을 보여준다.

우가리트는 레바논 북부의 시리아 해안 지역에 위치한 고대 도시로, 후기 청동기 시대 토판Ugaritic texts이 다량 발견되었다. 이 우가리트 문서는 기원전 13세기에서 기원전 15세기 사이에 작성된 점토판으로, 발견된 토판 수는 1,500여 개에 이른다. 우가리트 사람들은 더 남쪽으로 팔레스타인 일대에 거주했던 가나안 사람과 마찬가지로 북서 셈어Northwest Semitic language를 사용했으며, 일부 토판은 가나안 종교와 신화의 내용을 담고 있어서 큰 주목을 끌었다. 우가리트 문서는 경제 활동, 종교의식, 법률 등을 기록한 것으로, 가나안 문화와 이스라엘 문화의 유사성과 차이를 이해하는 데 중요한 자료다. 발견된 문서 중에 우가리트 언어로 쓰여진 문서는 세계 최초의 알파벳 형식 기록물로 평가받는다.

박물관에 전시된 주목할 만한 또 다른 유물 중에는 우가리트에서 출토된 금도금 신상들을 꼽을 수 있다. 기원전 13세기에서 기원전 14세기경으로 추정되는 이 신상들은 고대 가나안과 시리아 문명에서 숭배된 신을 상징하는 것으로 추정한다. 그중에 앉아 있는 신상은 손을 축복하는 자세Benediction로 뻗고 있는데, 마치 동양 불교문화의 불상과 유사한 느낌을 준다. 그 머리에는 이집트 오시리스 풍의 관Atef Crown을 쓰고 있다. 그리고 지금은 사라졌지만, 그 관 위에 뿔이 부착되었던 흔적을 볼 수 있다. 뿔은 고대 근동에서 신성을 상징하는 중요한 요소로, 신의 권위를 표현한다. 다른 두 도금 신상은 역시 이집트풍의 관을 쓰고 있는

데, 상부 이집트의 파라오가 착용했던 백색 관Hedjet의 형태다. 이들은 전진하는 모습으로 서 있으며 한 손에는 창이나 무기를 던지려는 듯한 포즈를 취한다. 가나안 문화권에서 앉아 있는 모습을 한 신상은 나이가 많은 '엘'El 신으로 해석하며, 서서 창을 든 상태로 표현되는 신상은 전쟁의 신 '바알'Baal을 상징하는 것으로 해석한다. 신상은 그 크기에 따라 숭배용인지 헌정용인지 대략 구분되는데, 고대 근동에서 숭배용 신상은 중요 종교적 절기 때 신전에서 꺼내져서 도시를 순회했다. 종교적 형상의 모티브는 시리아와 가나안 지역에서 문화적으로 유사한 양상을 띠지만, 내륙 지역은 둥근 눈에 살집이 있는 모습으로 표현되는 반면, 서쪽 해안 지역은 더 날씬하게 표현된다.

박물관에는 또한 고대 시리아 지역에서 점토판에 경제나 행정 문서를 봉인하기 위해 사용하던 인장들을 전시하고 있다. 대개 원통형 모양을 점토판 위에 밀거나 스탬프 형태로 찍는 두 방식으로 사용했다. 메소포타미아 지역에서는 원통형 인장cylinder seal이 많이 쓰였고, 이집트나 팔레스타인 지역에서는 스탬프 형식stamp seal이 더 흔했다. 단단한 돌 위에 새겨진 인장 문양에는 글자와 함께 다양한 도상학적 주제들이 펼쳐지는데, 특히 신화적인 내용이나 자연의 동식물을 상징적으로 묘사한 경우가 많고, 그 자체로서 주술적인 역할을 하기도 한다.

두라 에우로포스 회당의 벽화
(헬라-로마 시대 | 기원전 332년-서기 395년)

기원전 332년 알렉산더 대왕이 동방 원정을 통해 시리아를 포함한 고대 근동을 점령하면서 시리아 전역에 그리스식 도시인 폴리스polis가 형성되며 그리스 문명이 확산하였다. 헬라화는 그리스 문화와 로컬 문화가 공존하거나 섞이는 형태로 발전했다. 일부 지역에서는 헬라화에 대한 반발이 있었지만, 점차 지역 사회가 헬레니즘 문화를 수용하게 된다. 이후 기원전 64년 이래 로마 제국이 이 지역을 지배하면서 헬레니즘 문화에 기반한 로마 문화가 영향을 끼치게 된다. 시리아에서는 물질문화뿐 아니라 동방의 신앙과 로마 및 그리스 신앙이 뒤섞여 나타나며, 나바티안Nabatean 신앙 등 사막 지역을 비롯한 다양한 지역 신들도 공존하여 종교적 혼합 현상도 나타난다. 동시에 시리아는 초기 최초 기독교 공동체들이 설립된 지역으로, 특히 로마 제국의 시리아 지역 통치 수도였던 안디옥Antioch은 기독교 발흥에 중요한 역할을 했다.

　이러한 시대 분위기를 보여주는 시리아 지역의 주요 유물의 예로 헬라-로마 시대에 인기를 끌었던 미트라교Mithraism와 관련된 유물을 꼽을 수 있다. 미트라교는 이란 지역에서 시작된 조로아스터교Zoroastrianism의 분파이며, 미트라가 황소를 죽이는 장면을 묘사한 신상이나 부조와 같은 조각품은 미트라교의 신앙 의식을 반영한다. 다마스쿠스 박물관에서도 이러한 조각품을 감상할 수 있는데, 이러한 상징적 장면을 수반하는 미트라교는 군인들 사이에서 특히 인기가 있었으며, 로마 제국 전역에 퍼져나갔다. 동방의 종교가 서방으로 확산한 좋은 예라 할 수 있다. 반대로 헬라 시대 이후 시리아에서는

사진3. 알라트 신전의 거대 사자 석상, 서기 2세기 팔미라 출토

그리스-로마화 된 주제가 지역적 스타일로 표현되는 신상들이 많이 발견되었으며, 그리스와 로마의 문화가 현지 문화와 융합된 모습을 보여준다. 다마스쿠스 박물관에 전시된 로마 시대 아테나 여신상은 무장한 모습으로, 지혜와 전쟁의 여신 아테나를 상징한다. 소재와 주제는 아테나 여신을 보여주고 있지만, 그 표현 기술은 그리스와 로마에서 보는 석상과는 다르다. 고대 시리아인은 아마도 이 석상을 보며 아테나 여신이 아닌 지역 토착 아랍 여신인 알라트Al-Lat를 떠올렸을 것이다.

다마스쿠스 박물관 입구로 향하는 뜰 한쪽에는 2015년에 이라크-시리아 이슬람 국가ISIS에 의해 파괴된 팔미라의 알라트 신전Temple of Al-Lat 내 거대 사자 석상도 박물관 야외에 복원 전시되어 방문객을 맞는다. 팔미라Palmyra는 서기 2-3세기에 번성한 상업 도시였다. 주변 사막을 관통하는 카라반caravan 대상로의 주요 축의 하나를 형성했던 팔미라는 그리스와 로마 문화는 물론, 메소포타미아와 현지 시리아, 그리고 사막 문화가 어우러져 독특한 분위기를 이루는 다인종 도시였다. 팔미라 도시의 여러 신전 중 하나인 알라트 신전에서 발견된 높이 3.5미터의 거대 사자 석상은 알라트 여신을 상징하는 동물로 그리스-로마적 섬세함과 고대 메소포타미아 및 페르시아 부조에서 보이는 사자의 용맹성을 잘 보여준다.

팔미라 외곽의 황량한 광야에 펼쳐진 공동묘지에서는 4,000여 점의 부조 석상이 발견되었다. 죽은 사람을 이상적으로 묘사한 이들 부조 토르소는 로마 시대 팔미라 주민의 장례 문화를 잘 반영하며, 죽은 이의 생전 직업이나 사회적 신분, 애호하는 습관 등에 대한 정보를 제공하기도 한다. 조각상의 제작 기술, 방식, 및 모티브에는 동서양의 문화적 영향이 함께 녹아 있다. 다마스쿠스 박물관의 1층 로마 시대 전시관에서 지하로 내려가는 코너에는 이러한 부조 석상으로 채워진 팔미라의 한 지하 무덤을 그대로 옮겨 전시한다. 야르하이 Yarhai 가족 무덤으로 불리는 이 석실묘는 계단을 통해 지하 묘실에 도달하는 구조다. 묘실의 중앙 홀에 접어들면 정면으로 야르하이 가족이 육중한 석관 위로 비스듬히 누워 연회를 즐기는 모습이 조형되어 있다. 홀 좌우로는 후손의 시신이 안치되어 있다. 다층 횡혈식 구조로 된 홀 좌우 벽에는 시신을 여러 선반 loculus shelf 에 안치할 수 있게 했다. 그리고 각 선반 입구는 안치된 인물의 부조 토르소로 장식되어 있다. 이러한 팔미라식 지하 가족무덤은 당대 유행하던 로마적 장례 방식에 팔미라의 독특한 예술 양식을 가미한 것이다.

사진4. 야르하이 가족묘, 서기 2세기 팔미라 출토

박물관의 로마 시대 전시관 구역에는 또 다른 사막 도시 두라 에우로포스Dura-Europos에서 옮겨온 회당의 벽화가 전시되어 있다. 두라 에우로포스는 오늘날 시리아와 이라크 경계에 위치한 곳으로 로마 시대에는 로마와 페르시아 영역 간에 중간 지대에 위치했다. 서기 3세기 중엽 도시가 멸망한 이후 거주가 거의 이루어지지 않고 잔해가 흙에 고스란히 덮여 있었으므로, 약 1,800년 동안 회당의 벽화가 잘 보존될 수 있었다. 메소포타미아에서 유대인 디아스포라는 이미 구약시대 예루살렘 멸망 이후부터 시작되었지만, 초기 로마 시대에 이 지역에서 회당이 발굴되는 경우는 매우 드물다. 두라 에우로포스는 당시 여러 인종이 거주하는 국제적 카라반 도시였고 주민 중 일부는 유대인이었을 것으로 추정한다. 회당의 채색 벽화는 다양한 구약 성경의 스토리를 그리스-로마풍으로 벽면 전체에 걸쳐 다양한 크기로 그려졌다. 현재 총 58개의 장면이 보존되었고, 대표적으로 모리아 산에서 이삭을 번제로 드리려는 장면, 이스라엘 백성의 출애굽 장면, 사무엘이 다윗에게 기름을 붓는 장면 등을 꼽을 수 있다.

고대 시리아의 유리 제품
(비잔틴 시대 | 서기 395년-637년)

비잔틴 시대는 4세기부터 시작되며, 로마 제국이 기독교를 국교로 채택하면서 동로마 제국이 형성된 시기다. 이 시기 시리아는 동방 기독교의 중심지 중 하나로, 많은 교회와 수도원이 세워졌다. 한편, 유프라테스강 동쪽에는 사산조 페르시아 Sassanid Persia가 존재하고 있어서 기독교화된 비잔틴 제국과 대립하게 된다. 사산조 페르시아의 전쟁과 종교적 관용 양면 정책 속에서 네스토리우스파Nestorianism가 사산조 페르시아로 확산하여 이후 네스토리안 기독교인들은 사산조 페르시아 내에서 활동하며 종교적 중심지를 형성한다. 박물관에 전시된 주요 유물로는 비잔틴 시대의 교회에서 발견된 유물과 벽화들이며, 기독교의 확산과 함께 예배 형식이 정착되었음을 보여준다.

5세기에는 시리아와 팔레스타인의 발달한 유리 불기 기술을 바탕으로 독특한 비잔틴 유리 공예 스타일이 만들어졌고, 다양한 생활 도구로 상용화되었다. 7세기 이후 이슬람 시대에는 시리아 지역 유리 제품이 수출을 통해 여러 지역에 공급되었으며, 이러한 유리 제품은 동방 무역로를 통해 동아시아 지역까지 전파되었을 가능성이 있다. 실제로 경주의 여러 신라 고분에서 서아시아 계통으로 추정되는 유리 수입품이 발견되었다.

창조의 용광로, 내전의 용광로

　　창조는 종종 융합에서 만들어진다. 서로에게 새로운 두 문물이 만날 때, 또다른 새로움이 생성된다. 시리아는 여러 새로운 문화나 아이디어가 생성되고 확산할 수 있는 고대 근동의 중심 교차로였다. 이러한 교차로적 배경에서 기독교의 세계 전파기지가 되는 안디옥Antioch 교회가 형성될 수 있었고, 유리 그릇 제조가 최초로 산업화될 수 있었으며, 알파벳 기록 방식이 최초로 싹을 틔울수 있었다.

　　다마스쿠스 박물관의 유물은 시리아가 고대부터 서로 다른 다양한 문명과 문화가 융합되는 용광로였음을 잘 보여준다. 청동기 시대에서 철기 시대를 거쳐 헬라, 로마, 비잔틴, 이슬람 시대에 이르기까지 시리아의 역사와 문화적 유산은 풍부하고 다양하다. 그러나 내전과 정치적 불안정으로 인해 이러한 유물들이 위협받고 있다는 점은 안타까운 현실이다. 시리아의 문화유산 보존은 세계적으로 중요한 과제이며, 다마스쿠스 박물관은 국가적 정세의 부침과 관계없이 여전히 그 소중한 문화적 가치를 세계와 함께 풍성하게 누릴 자격이 있다.

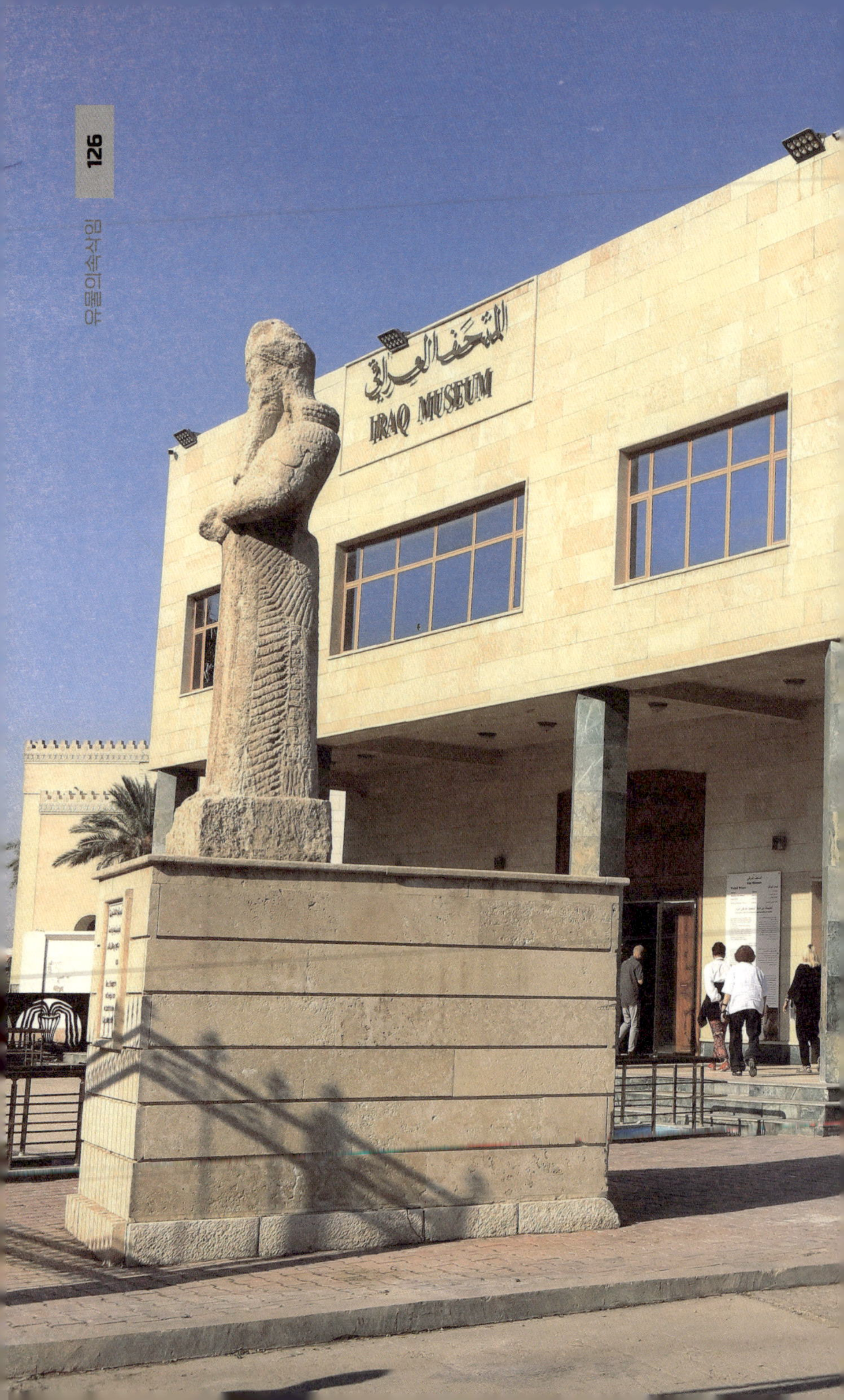
المتحف العراقي
IRAQ MUSEUM

이라크 박물관
The Iraq Museum

유물이속삭임

메소포타미아 문명의 절대 권력

　　이라크는 메소포타미아 문명의 핵심지역에 위치한다. '메소포타미아'Mesopotamia라는 말은 '강들 사이'라는 의미로 티그리스강과 유프라테스강이 지나는 비옥한 유역 일대를 지칭한다. 시리아 서부나 레바논, 페르시아와 달리 광활한 평지가 이어지는 메소포타미아 지역은 거대한 두 강을 이용하여 농업이 발달하고 물산이 집산, 교역되며 문명이 태동할 사회적 요건이 일찌감치 자리를 잡았다. 메소포타미아 문명을 흔히 인류 문명의 요람이라 칭하는데, 실제로 문자, 도시, 법전, 제국, 문학 등 여러 면에서 인류 최초로 알려진 문명의 요소들이 이 지역에서 태동했다. 기원전 3,000여 년 전부터 수천 년간 티그리스강과 유프라테스강의 중상류 지역과 중하류 지역은 헤게모니를 위해 서로 경쟁하며 엎치락뒤치락하는 양상을 보였고, 기원전 1천년대 전반기에 각 지역은 신아시리아 제국과 신바빌로니아 제국으로 발전하며 세력의 정점을 이루었다. 특히 신아시리아 제국은 기원전 7세기 중엽에 메소포타미아는 물론 엘람, 남부 아나톨리아, 시리아, 팔레스타인 그리고 이집트에 이르는 최대 영토를 자랑하게 된다.

　이라크 박물관The Iraq Museum은 이라크의 수도 바그다드Baghdad에 위치하며, 이러한 고대 메소포타미아 문명의 유물을 보존하는 세계적으로 중요한 박물관이다. 이 박물관은 1926년에 최초로 설립되었고, 이후 1966년에 현재 위치로 확장되면서 본격적인 국립 박물관으로 자리 잡았다. 박물관은 수메르, 아카드, 바빌로니아, 아시리아와 같은 메소포타미아 문명의 주역들이 남긴 많은 유물을 소장, 관리하고 전시한다. 이 유물은 수천 년 동안 발전한 고대 문명의 사회, 종교, 예술, 정치 체계를 이해하는 데 중요한 자료다. 하지만 지난 수십 년간 이라크는 여러 차례 전쟁과 정치적 혼란을 겪었고, 그 과정에서 박물관과 유물은 큰 피해를 보았다. 특히 2003년 제2차 걸프전 당시 약 15,000점의 유물이 도난당하거나 파괴되었으며, 이후 이라크-시리아 이슬람 국가ISIS 사태로 추가적인 약탈과 파괴가 발생하는 고난을 겪었다. 이후 도난당한 유물의 일부는 회수되었고 이라크 박물관은 2015년 부분적으로 재개관하였으나, 2019년에 다시 한시적으로 문을 닫았다. 이후 유지보수 및 복구 사업을 거쳐 2022년 다시 개관하였으나 여전히 보존과 복원 그리고 안정화가 필요한 상황이다.

박물관 및 전시관 구조

이라크 박물관은 2층 규모의 전시관과 지하 수장고로 이루어져 있다. 전시관은 시대별로 구성되어 있으며, 2층은 주로 선사시대부터 수메르, 아카드, 고바빌로니아 시대까지의 유물을 전시한다. 특히 문명의 시작점인 수메르Sumer와 최초의 제국인 아카드Akkad의 유물이 주목할 만하다. 1층은 아시리아 시대와 신바빌로니아 시대를 주로 다룬다. 아시리아 전시관에는 사르곤 2세Sargon II 궁전 부조, 라마수lamassu 석상과 같은 웅장한 유물이 전시되며, 바빌로니아 전시관에는 이슈타르Ishtar 여신상과 바벨론 성문의 벽돌 부조 등이 전시된다. 박물관은 크게 구관과 신관으로 나뉘며, 신관은 1980년대에 확장된 부분이다. 각 전시관은 메소포타미아의 찬란했던 문명과 역사적 흐름을 일목요연하게 보여준다. 구관 건물 앞에는 아시리아 제국의 수도 님루드Nimrud와 코르사바드Khorsabad의 성문을 참조하여 아시리아의 성문을 재현했다. 성문 출입구 양옆에는 반인반수 형상의 신화적 괴물 라마수가 지키고 있고, 성문 위로는 디글랏 빌레셀 3세Tiglath-Pileser III가 마차를 모는 부조 장면을 재현해 놓았다. 아시리아 성문 너머로 붐비는 광장의 모습은 마치 '아시리아의 평화'Pax Assyriaca 시대가 오기를 소망하며 희망을 잃지 않는 이라크인들의 모습을 보는 듯하다.

끝없는 지평선에 묻혀

이난나 신전을 묘사한 우루크 화병
(수메르 시대 | 기원전 3,500년-2,000년)

수메르 문명은 메소포타미아 남부에서 시작된 최초의 도시 문명이다. 수메르의 도시 문명화에 중요한 역할을 했던 우루크 Uruk에는 최초의 지구라트 ziggurat라고 불리는 신전이 이미 기원전 4천년대에 세워졌다. 사회가 고도화되고 도시화되면서 지구라트를 높이 세우는 모습은 마치 성경의 바벨탑 사건을 연상케 한다. 박물관 2층에 전시된 수메르 시대의 주요 유물들은 초기 도시 문명의 발전 모습과 종교적 세계관을 보여준다.

수메르인들이 사용한 쐐기문자는 인류 최초의 문자 체계 중 하나다. 당시 메소포타미아에서는 흙을 구워 문자 기록을 남기는 방식이 일반적이었다. 박물관에 전시된 수메르 토판들은 이라크 남부 지역의 수메르 여러 도시에서 발견되었다. 이 토판들은 상업 거래, 법률, 신화, 문학 등 다양한 내용을 기록하고 있으며, 고도화되는 수메르인의 문명 수준을 엿볼 수 있다.

수메르 사회의 발전은 원통형 인장 cylinder seal을 통해서도 느낄 수 있다. 박물관에 전시된 수메르의 원통형 인장은 문서, 계약서, 재산 기록 등 개인이나 조직의 신분과 권리를 확인하며 행정 업무를 수행하는 데 사용되었다. 이 인장을 진흙에 굴리면 상징적 내용의 그림과 글자가 찍히게 된다. 이러한 인장의 사용은 수메르 사회와 경제가 고도화되고 행정적으로 발전했다는 것을 증명한다.

박물관에는 수메르 종교 조직의 발전을 보여주는 여러 유물이 전시되어 있다. 주목할 만한 유물 중 하나는 '우루크 마스크' Mask of Warka라고 불리는 여성 얼굴 형상의 대리석 마스크다. 이 마스크의 제작 연대는 기원전 3,100년경으로 추정되며, 우루크의 이슈타르 신전에서 발견되었다. 이 마스크는 인간 형태의 얼굴을 정확한 사실적 구도로 표현한 최초의 조형물로 평가받으며, 이난나 Inanna로도 알려진 사랑과 전쟁의 여신 이슈타르를 묘사한 것으로 추정한다. 눈과 눈썹에는 원래 보석이 상감 되었으며, 가발 형태의 장식이 있었던 것으로 추정한다. 이 유물은 2003년 걸프전 당시 약탈당했다가 회수된 중요 유물 중 하나다.

다른 종교적 유물로는 수메르인들이 신전에서 예배드리는 모습을 묘사한 남녀 소형 석상들을 꼽을 수 있다. 이 석상들은 메소포타미아 남부에 있는 텔 아스마르 Tell Asmar에서 발견된 것

사진1. 우룩 화병, 기원전 30세기 우룩 출토

이다. 이들은 모두 한결같이 두 손을 공손히 가슴에 모아 기도하며 참배하는 모습이며, 신에게 바쳐진 봉헌물이다. 이 석상들을 통해 당대 수메르인의 복식 관습과 종교의식이 전해진다. 남성은 대부분 수염을 길렀고, 여성은 머리 스타일에 많은 신경을 썼다. 남성은 대부분 벗은 상반신에 치마 같은 형태의 하의를 착용하고 있고 여성은 짐승의 가죽이나 털을 가공한 원피스를 입고 있다. 정교하고 우아하게 묘사된 이 석상 인물들은 사회 상류층에 속한 신전 봉헌자였을 것이다. 이 석상들은 당대 사회 조직의 계층화와 종교 조직 발전의 일면을 엿보게 한다.

박물관의 대표적 유물 중 하나인 우루크 화병Warka Vase은 높이 약 1미터의 화병 모양을 한 기물로 우루크의 이난나Inanna 여신 신전에서 발견되었다. 기원전 3,200년경으로 추정되는 이 화병은 3단으로 계층화된 장면을 통해 문명이 태동할 무렵 고대 수메르인의 제의와 종교의식이 어떠했는지를 잘 보여준다. 하단 장면은 당대의 두 주요 산업의 요소인 곡물과 가축을 묘사한다. 가운데 단에서는 이러한 산물을 공물과 제물로 바치기 위해 신전으로 가져가는 장면을 묘사한다. 상단에서는 이난나 여신이 신전 앞에서 가져온 공물을 받는 장면을 보여준다. 신전에는 각종 제물과 공물로 채워져 있다. 우루크 화병에서 묘사되는 주제는 고대 수메르의 한 종교 절기 장면인데, 이난나 여신이 가지는 풍요와 다산의 측면과 관련이 있다. 이 귀중한 유물은 2차 이라크 전쟁 시 도난당했다가 다행히 회수되어 현재 박물관에 다시 전시되고 있다.

사진2. 아카드 왕의 구리 두상, 기원전 23세기 니네베 출토

수메르 사회의 발전은 우르 왕가의 무덤에서 나온 유물로도 확인할 수 있다. 이라크 박물관에서 소장하고 있는 화려한 우르 왕가 부장품의 대표적 예는 '우르 왕가의 수금'Lyre of Ur이다. 이 악기는 우르의 왕실 묘에서 발견된 하프 형태의 악기로, 황금으로 제작된 송아지 머리가 장식되어 있으며, 고대 음악의 복원과 재현 연구에서 중요한 유물이다.

아카드 왕의 구리 두상
(아카드 시대 | 기원전 2,334년-2,154년)

아카드Akkad는 수메르를 정복하고 최초로 메소포타미아 전역을 통일한 제국이다. 당시 메소포타미아 지역은 남쪽 수메르 지역과 북쪽 아카드 지역의 세력 구도 속에 여러 도시 국가들이 할거하는 시대였다. 아카드의 유물에는 중앙집권적 통치, 군사적 정복, 그리고 왕권 신수와 같은 메시지가 강조된다.

박물관 2층에 전시된 구리로 만든 한 두상은 아카드의 왕을 묘사하고 있는데, 기원전 2,250년에서 기원전 2,200년경 제작된 것으로 추정된다. 니네베Nineveh에서 발견된 이 두상의 인물이 아카드 제국의 강력한 왕 나람신Naram-Sin일 것으로 추정하기도 한다. 정교하게 실물 크기로 제작된 이 조각상은 사실주의와 추상적 패턴을 잘 조화시켜 왕의 권위와 위엄을 잘 드러낸다.

아카드 시대의 원통형 인장은 정교한 문양과 신화적 장면이 특징이다. 왕과 신이 등장하며, 통치자의 권력과 신성한 보호를 상징하는 장면이 많이 묘사되었다.

아카드 시대 전시관에는 무게가 150킬로그램에 달하는 육중한 구리 인물 조각상이 전시된다. 바닥에 앉은 모습의 이 인물 조각상은 비록 상반신은 남아 있지 않지만, 강인한 체구와 정교한 세공으로 제작되어 현대 미술품을 보는 듯한 인상을 준다. 조각 이면에 새겨진 비문에 의하면 이 조각은 아카드 왕 나람신의 궁전 입구를 지키며 왕권을 보호하는 상징적 역할을 했다.

신전을 수호하는 사자상
(고바빌로니아 시대 | 기원전 2,000년-1,600년)

　　고바빌로니아 시대는 함무라비 왕Hammurabi의 통치로 유명하며, 법률 체계와 도시 문화가 발전한 시기다. 이 시기의 가장 대표적 유물은 함무라비 법전Code of Hammurabi이라고 불리는 석비다. 함무라비 법전은 고대 법률 체계 중 가장 잘 알려진 사례로, 상벌 규정과 사회 질서를 유지하기 위한 법률이 상세히 기록되어 있다. 문명사회임을 보여주는 중요한 척도 중 하나가 법치주의라는 점에서 함무라비 법전은 문명사에 중대한 족적을 남긴 사례이며, 후대 성경과 로마 법전 등에 영향을 주어 오늘날까지 그 파급력이 이어진다고 볼 수 있다. 함무라비 법전이 새겨진 석비 상단에는 함무라비가 태양신이자 정의의 신 샤마쉬Shamash와 대면하는 장면이 부조로 묘사된다. 이 석비는 기원전 12세기에 바벨론을 침략한 엘람Elam에 의해 엘람의 수도 수사Susa로 옮겨졌고, 19세기 초 수사에서 발굴되었다. 현재 이라크 박물관에 전시된 함무라비 석비는 복제본이며 원본은 루브르 박물관이 소장하고 있다.

고바빌로니아 전시관에는 바빌로니아 신전 내부를 장식했던 조각과 부조들을 감상할 수 있다. 신전은 바빌로니아 도시 문화에서 중심적 역할을 했으며, 종교의식과 행정의 중심지였다. 전시관의 한 코너에는 신전 입구를 지키는 한 쌍의 사자상이 전시되어 있다. 기원전 1,800년경 바그다드 인근에서 흙을 구워 제작한 이 신전 지킴이 사자상은 정교한 생동감 있는 세부 묘사가 특징적이다. 맹수나 신화적 동물을 신전이나 궁전 입구에 세워 악을 물리치고 그 장소를 수호하는 관습은 우리나라의 해태를 연상케 한다.

이슈타르 신전의 부조 벽화
(카시트 시대 | 기원전 1,595-1,155)

중바빌로니아 시대에 카시트Kassite 왕조는 메소포타미아 남부 지역을 중심으로 세력을 형성했다. 이들은 바빌로니아 방식의 종교와 생활 전통을 복구하는데 힘을 기울였고, 고대 메소포타미아의 전통 신들의 위상을 되살리고자 했다. 이라크 박물관에는 카시트 시대에 우루크에 세워졌던 이슈타르 신전의 벽 부조를 옮겨 전시하고 있다. 부조에는 남녀 신들이 교차하며 벽감에 서서 물병을 들고 있는 모습이 묘사된다. 물병에서 흘러나오는 물은 풍요를 상징하며, 이슈타르와 탐무즈Tammuz 신의 신성한 결합을 나타낸다. 이슈타르 여신은 기원전 3천년대 수메르의 사랑과 전쟁, 풍요의 신 이난나 여신이 후대에 바빌로니아와 아시리아에서 유행하면서 이슈타르라는 이름을 가지게 된 것이다. 이슈타르가 농업과 만물의 소생을 상징하는 탐무즈와 연합한다는 주제는 후대에 가나안과 그리스 신화에도 영향을 미쳤다.

사르곤 2세의 궁전 부조 벽화
(아시리아 시대 | 기원전 1,365년-609년)

　박물관의 1층 전시관은 아시리아와 신바빌로니아 시기에 초점을 맞추며, 해당 시대의 다양한 유물과 역사적 의미를 담고 있다. 특히, 아시리아 갤러리에서는 신아시리아의 왕권 상징, 궁전 장식, 그리고 바빌로니아와의 차별화된 문화적 요소들이 돋보인다. 기원전 10세기를 기점으로 시작되는 신아시리아는 기원전 7-8세기에 접어들면서 강력한 군사력과 광대한 영토를 자랑하는 제국으로 발돋움했다. 아시리아의 유물은 왕권의 위엄과 군사 정복을 선전하는 내용이 많다. 아시리아의 기록이 강

사진3. 사르곤 2세의 궁전 부조, 기원전 8세기 코르사바드 출토

한 프로파간다propaganda로 왕의 업적을 적극적으로 홍보하는 데 반해, 바벨론은 간단명료한 사실적 기록 방식을 선호했다.

이라크 박물관의 하이라이트는 1층 구관에 위치한 아시리아 갤러리Assyrian Gallery라고 불리는 홀이다. 이 넓고 긴 홀의 양쪽 벽면을 덮고 있는 사르곤 2세의 궁전 부조는 코르사바드Khorsabad에 위치한 사르곤 2세 궁전에서 옮겨온 것이다. 벽면 부조에는 왕에게 나아오는 행렬 장면이 묘사되어 있으며, 인물들은 실제보다 훨씬 큰 규모로 만들어졌다. 인물들은 각각 왕을 알현하거나 수행하는 모습, 또 공물이나 보좌, 제단 등을 나르는 모습으로 생동감 있게 표현되어 있다. 이러한 신아시리아 부조 벽화는 왕의 권위와 업적을 선전하기 위한 도구로 사용되었다. 아시리아 왕들의 전형적 머리 관은 원뿔 형태로, 바빌로니아 왕들의 원통형 머리 관과 구별된다. 왕 뒤에 수행하여 서 있는 수염이 없는 남성은 환관을 묘사한 것인데, 그의 팔뚝에 근육을 표현함으로써 남성적 요소 또한 드러내고 있다. 아시리아 부조 벽화에는 환관이 여러 명 등장하는데, 이들이 신전이나 궁전에서 담당하는 의례적 중요성을 시사한다.

아시리아 갤러리의 중앙부에는 거대한 라마수 석상이 통로 양옆을 지키며 홀의 풍경을 압도한다. 라마수lamassu는 인간의 얼굴, 황소 또는 사자의 몸, 그리고 독수리의 날개를 가진 신화적 동물이며, 머리에 신성을 상징하는 뿔 장식이 특징적이다. 이들은 성문이나 궁전 입구를 수호하며, 장소의 권위와 신성함을 보호하는 역할을 했다. 아시리아 갤러리의 라마수 석상 역시

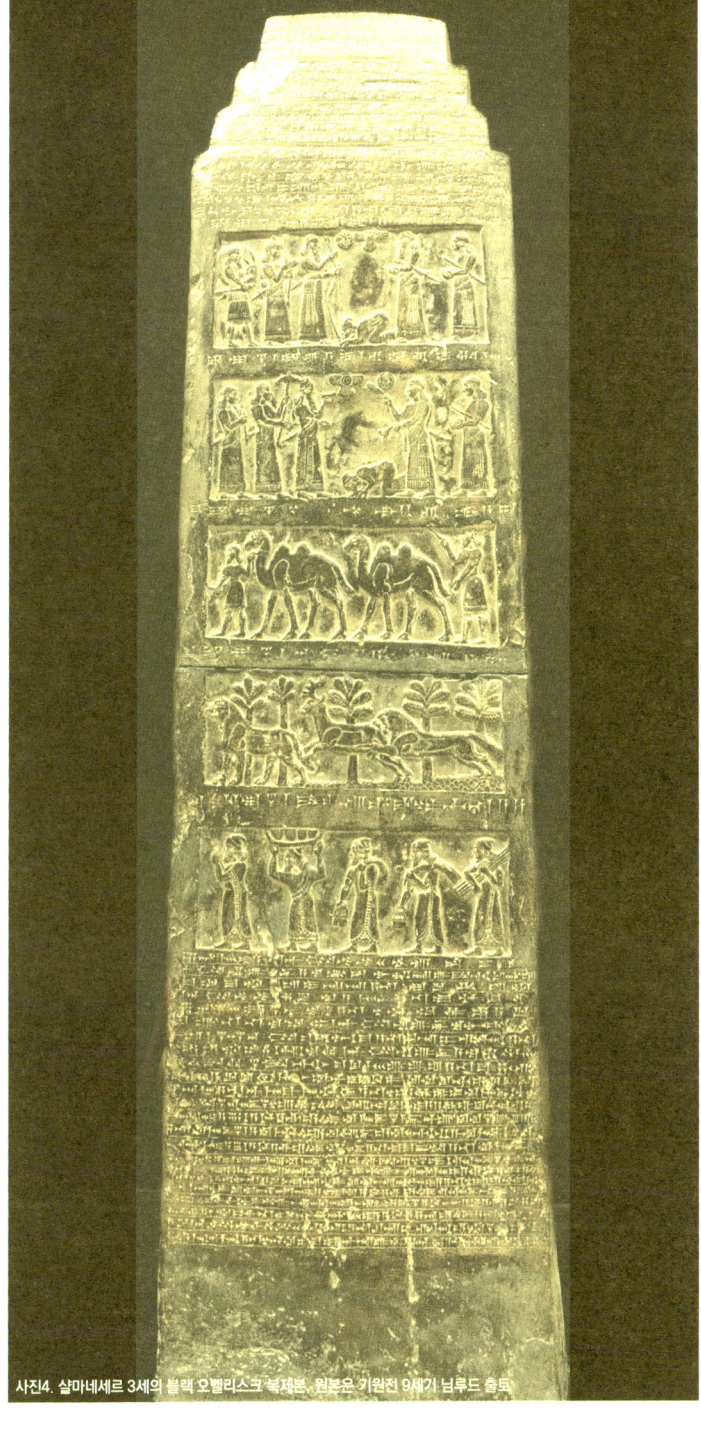

사진4. 살마네세르 3세의 블랙 오벨리스크 복제본. 원본은 기원전 9세기 님루드 출토

사르곤 2세가 건립한 코르사바드에서 출토된 것이다.

　이 갤러리에서는 신아시리아 왕들이 전쟁에서 승리하는 모습을 새긴 부조 벽화를 볼 수 있다. 신아시리아의 전쟁 부조 벽화에서는 치열한 전투 장면, 정복한 민족을 짓밟는 장면과 적군을 포로로 잡는 장면을 통해 아시리아의 군사력을 과시한다. 그러나 아시리아 왕들의 전투 업적은 종종 과장되게 기록되는 경우가 많다. 신아시리아 부조 벽화의 또 다른 주요 주제는 신화적 괴물과 싸우는 왕의 용맹한 모습이다. 이러한 묘사를 통해 왕의 권위와 정치적 위상을 높이고자 했을 것이다.

사진5. 님루드 상아 조각, 기원전 9세기-7세기 님루드 출토

신아시리아 제국은 수도를 세 번 천도했는데, 모두 티그리스강 중북부 지역이다. 이라크 박물관에서는 첫 번째 수도였던 님루드에서 발견된 왕의 보좌 받침대를 전시한다. 이 받침대에는 아시리아 왕 샬마네세르 3세Shalmaneser III와 바빌로니아 왕 마르둑-자키르-슈미 1세Marduk-zakir-shumi I가 악수하는 부조 장면이 새겨져 있다. 이 두 왕은 동맹 관계로, 실제로 바빌로니아에서 일어난 반란을 진압하는데 샬마네세르 3세가 도움을 주기도 했다. 고대 메소포타미아에서 두 왕국 간 우호 관계를 묘사한 희귀한 장면이라고 할 수 있다.

샬마네세르 3세는 신아시리아가 발흥하는 9세기 중엽에 주변국과 수많은 전쟁으로 제국의 기틀을 다졌던 왕이다. 그의 왕궁이 있던 님루드에서 발견된 블랙 오벨리스크Black Obelisk에는 그의 여러 전쟁 업적을 기록하고 다섯 단에 걸쳐 부조 벽화로 그의 치적과 관련된 여러 장면을 묘사했다. 주목할 만한 부분은 이스라엘의 왕 예후Jehu가 조공을 바쳤다는 기록과 함께 그 내용을 부조 벽화로 묘사했다는 점이다. 오벨리스크 두 번째 단에는 아시리아 왕 앞에 엎드려 머리를 조아리는 인물이 묘사되며, 쐐기문자로 부연된 설명에는 예후의 조공이라고 기록한다. 2,800여 년 전 성경 인물이 실제로 당대 고대 비문에 언급되며 인물까지 묘사되는 매우 특별한 사례라고 할 수 있다. 현재 이라크 박물관에 전시된 블랙 오벨리스크는 복사본이며 원본은 대영 박물관에 소장되어 있다.

박물관 1층 신관의 상아 갤러리에서는 님루드 궁전에서

발견된 상아 조각품을 전시한다. 이들 상아 조각품은 대부분 기원전 9-7세기 동안 신아시리아 제국이 해외 원정을 통해 획득한 전리품이다. 상아 조각품에서 종종 발견되는 페니키아와 아람어 비문을 통해 이들 대부분은 시리아와 페니키아 등지에서 가져온 것으로 추정할 수 있다. 일부는 교역을 통해 획득되었을 수도 있는데, 재료로 사용된 코끼리나 하마 상아의 원산지 추적을 통해 재료의 출처를 확인할 수도 있다. 상아 조각품은 많은 경우 침대나 가구 장식의 일부로 사용되었으며, 이라크 박물관에 전시된 인물상의 예와 같이 그 자체로써 사용된 경우도 있다. 조각품들은 사자, 황소 등 각종 동물과 스핑크스와 같은 신화적 동물, 사람, 식물 문양 등을 정교하고 우아하게 묘사한다. 님루드 상아 조각품에 나타나는 섬세한 기술력과 주제적 다양성은 기원전 1천년대 전반기 시리아-페니키아 예술의 진면목을 유감없이 보여준다.

바빌론 이슈타르 문의 채색 벽
(신바빌로니아 시대 | 기원전 626년-539년)

신바빌로니아 시대는 짧고 강렬하게 타오르고 사라졌다. 기원전 7세기 후반에 신아시리아 제국의 분열과 불안정을 틈타 메소포타미아 남부에서 갈대아인의 세력이 급부상했다. 이들은 바벨론을 재건하고 메대Medes 및 페르시아Persians와 연합하여 신아시리아 제국을 멸망시키지만, 불과 70년 만에 이게메네스 페르시아에 멸망했다.

이라크 박물관에는 신바빌로니아의 유물보다는 신아시리

아 유물의 전시가 더 두드러진다. 박물관에 전시된 신바빌로니아의 유물 중 주목할 만한 예는 바빌로니아의 왕 느부갓네살이 니네베Nineveh에 건립한 이슈타르 문 진입로의 채색 장식벽이다. 유약으로 입혀진 이 벽에는 바빌로니아의 신들이 거느리는 동물들이 행렬하는 모습으로 그려져 있다. 이슈타르 문은 현재 독일의 페르가몬 박물관, 이스탄불 박물관 및 세계 다른 여러 장소에 보관, 전시되고 있다.

복합 문화 하트라의 석상과 부조
(하트라 왕국 | 기원전 2세기-서기 3세기)

하트라 왕국Kingdom of Hatra은 로마 제국과 파르티아 제국 사이에서 번성했던 아랍계 왕국이다. 200년 정도 번성한 후 사라진 왕국으로, 도시 전체가 잘 보존되어 많은 유물이 오늘날까지 보존되어 박물관 1층 신관의 하트라 갤러리Hatra Gallery에 전시되어 있다.

하트라의 석상과 부조는 로마, 파르티아, 아랍 문화가 융합된 형태다. 주로 왕과 신의 모습이 표현되었으며, 하트라의 종교적, 정치적 성격을 반영한다. 서기 3세기의 머리가 없는 헤라클레스 조각상은 헤라클레스가 곤봉을 잡고 사자 가죽을 팔에 걸치고 있는 모습이다. 이 조각에는 힘과 근육을 강조하였고, 당시 그리스-로마 신화의 영향과 메소포타미아적 스타일이 결합한 모습을 보여준다. 사막에서 기원한 세력이 종종 그러하듯, 하트라 왕국은 다양한 조각과 건축물을 통해 당대 종교적, 정치적 상징과 영향을 복합적으로 표현했다.

권력의 영광과 수모

　　인류사의 발전은 메소포타미아 문명 없이 논할 수 없다. 약 3천년에 가까운 기간 동안 메소포타미아는 중동 지역에서 정치적, 문화적 절대 권력으로 군림했다. 이라크 지역은 메소포타미아 문명의 적자며, 이라크 박물관은 인류 최초의 문명이 꽃핀 이 지역의 유산을 보존하는 중요한 문화기관이다. 이라크 박물관을 통해 메소포타미아 문명 속에 피고 진 무수한 권력과 그 권력이 후대에 남긴 흔적을 볼 수 있다.

　　그러나 수십 년간의 전쟁과 정치적 혼란은 박물관과 유물에 치명적인 피해를 입혔다. 약 15,000점의 유물이 도난당하고 파괴되었으며, 여전히 많은 유물이 회수되지 않은 상태다. 이러한 상황은 문화유산 보호의 중요성과 국제적 협력의 필요성을 강조한다. 이라크 박물관의 유물은 단순한 유물이 아닌 인류 문명의 기원을 이해하는 열쇠다. 따라서 디지털화 및 보존 기술 도입, 치안 안정화, 국제적 지원이 시급하다. 이라크 국민들이 문화유산에 대한 자부심을 회복하고, 전 세계가 이 유산의 가치를 인식하는 노력이 필요하다. 무엇보다도 이라크 국민으로 하여금 이라크 지역 과거 문화유산이 자신의 정체성과 무관한 것이 아님을 인식하도록 하는데 문화유산 정책의 초점이 이루어져야 하지 않을까 생각한다.

사진6. 이라크 박물관 전경

이란 박물관
National Museum of Iran

페르시아의 영광과 아케메네스 왕조

이란 지역은 고대 페르시아 문화의 중심지로, 유럽과 중동 지역에서 아시아로 가는 관문이다. 기원전 2세기경부터 고대 실크로드의 주요 줄기가 이란 지역을 통과하여 중앙아시아로 향했다. 동남쪽으로는 인더스 문명의 요람인 인더스 계곡을 넘어 인도로 갈 수 있다. 이란 지역은 메소포타미아와 인접한 지리적 특성 덕분에 여러 강대국과 문화적, 정치적으로 긴밀히 연결되어 왔다. 수메르의 동편에 자리 잡은 엘람은 일찍이 메소포타미아 문명에 필적할 만한 높은 문화 수준을 영위하며 더 후대에 메대, 페르시아로 이어지는 페르시아 문화의 초석을 닦았다. 메소포타미아의 셈족과는 인종적으로 구별되는 고대 이란인들은 기원전 1천년대 중엽부터 메소포타미아의 강자 아시리아와 바빌로니아를 대체하며 일찍이 없었던 최대 영토를 구가하는 페르시아 대제국을 이루었다. 이후 아시아, 아프리카, 유럽을 하나의 통치 아래 두었던 아케메네스Achaemenid 페르시아 왕조의 위업을 발판으로 알렉산더 대왕은 동서양 통합을 달성할 수 있었다. 그 뒤로 파르티아Parthia 왕국, 사산조 페르시아Sassanian Persia 등 다양한 이란계 왕조가 계속 이 지역에 번성했다.

　이란 박물관National Museum of Iran은 이란의 이러한 풍부한 역사와 문화유산을 보존, 전시하고 민족적 자긍심을 고취하기 위해 세워졌다. 이 박물관은 이란의 수도 테헤란Teheran에 위치하며, 1937년에 설립된 이란의 가장 오래된 박물관이다. 고대 페르시아 문명의 발자취를 따라 선사시대부터 근대에 이르기까지 다양한 시대의 유물을 소장, 전시하고 있으며, 이란의 문화적 정체성을 탐구하는 중요한 장소다.

　그러나, 현대 이란은 중동의 다른 지역과 마찬가지로 정치적 혼란과 국제적 갈등에서 자유롭지 못했다. 1979년 이란 혁명 이후, 이란은 이슬람 공화국으로 재편되었고, 강력한 신정 체제를 기반으로 한 정치 구조를 유지하고 있다. 이란과 서방 국가들 사이의 긴장은 핵 개발 문제, 경제 제재, 민주화 운동 탄압 등으로 지속되고 있다. 이러한 정치적 상황은 문화유산 보존과 연구에도 영향을 미쳤다. 외국 연구자들의 접근이 제한되고 보존 기술과 자원의 부족으로 이어졌다. 이러한 도전 속에서도 이란 박물관은 고대 문명의 귀중한 유산을 보존하며 이란 국민의 문화적 자부심을 고취하는 데 중요한 역할을 수행하고 있다.

박물관 및 전시관 구조

이란 박물관은 두 개의 주요 건물로 구성되어 있다. 첫 번째 건물은 고대 유물 박물관으로, 선사시대부터 사산조 페르시아 시대까지의 유물을 전시한다. 두 번째 건물은 이슬람 박물관으로, 이슬람이 도입된 이후의 유물과 예술 작품을 다룬다. 고대 유물 박물관은 선사시대부터 사산조 페르시아에 이르는 이란의 고대 문명을 대표하는 방대한 양의 유물을 소장하고 있다. 이란은 메소포타미아 문명과 긴밀한 관계를 맺어 왔으며, 이들 유물은 초기 도시국가 형성부터 대제국에 이르는 과정을 생생하게 보여준다. 고대 유물 박물관은 두 층으로 구성되어 있으며, 1층은 역사 시대 유물을, 2층은 선사시대 유물을 전시한다. 1층의 전시관은 엘람 문명, 아케메네스 페르시아, 파르티아, 사산조 페르시아의 유물을 주제로 하여 각 시대와 왕조별로 다양한 문

사진1. 이란 박물관 전경

화적, 역사적 특징을 반영하는 유물을 전시한다. 유물은 당대의 정치, 종교, 예술적 특징을 재현하며, 이를 통해 고대 이란의 역사적 흐름과 발전을 이해할 수 있다. 이슬람 박물관은 세 층으로 이루어져 있으며, 도자기, 금속공예, 필사본 등 이슬람 시대의 예술을 집중적으로 조명한다.

고대 유물 박물관의 입구는 사산조 페르시아의 건축 양식을 본떠 설계되었다. 서기 3세기에서 7세기까지 지속된 사산조 페르시아는 로마-비잔틴 제국과 대등한 세력을 이루어 서쪽으로부터 페르시아 문명권을 지켜내는 역할을 했다. 사산조 페르시아 시대는 이란 문명사에서 가장 높은 문화 수준을 구가한 것으로 평가받는다. 특히 이 시대 건축은 전통적 페르시아 건축 문화를 가장 높은 수준으로 끌어올려 이후 이슬람 건축에도 많은 영향을 주었다.

고원의 침묵을 읊조리며

초가잔빌 지구라트의 혹등소 토우
(엘람 문명 | 기원전 3,200년-539년)

엘람 문명Elamite Civilization은 메소포타미아의 수메르와 함께 발전한 이란 최초의 고대 문명이었다. 기원전 3,200년부터 2,300년까지 초기엘람 시대는 엘람 문명의 시작 단계로서 수메르 문명에 인접하여 비슷한 문화와 기술을 공유했다. 초기에는 수메르와 엘람이 문화적으로 연관이 깊었으나, 기원전 2,000년 이후 엘람은 독립적인 문명을 발전시켰다. 기원전 2,300년부터 1,500년까지 전기 엘람 시대에는 안샨Ahshan이 중심 역할을 했고, 기원전 1,500년에서 1,100년까지 중기 엘람 시대에는 수사Susa가 엘람 문명의 중심지였다. 중기 엘람 시대는 엘람 문명의 정치적, 문화적 정점을 이루었으나, 기원전 1천년대에 접어들면서 아시리아 및 주변 민족의 침략과 융화로 엘람 문명은 쇠퇴했다. 엘람 지역은 특히 성경 창세기에도 언급되는 유서깊은 지역이며, 수사는 에스더서의 배경이 되는 수산 성으로 알려져 있다.

최근 2000년대 들어 이란 동부의 케르만 지역 Kerman을 중심으로 새롭게 발견된 지로프트 문화 Jiroft culture는 아직 새로운 문명인지 엘람에 예속된 문화인지에 대해 이견이 있다. 박물관에는 이 문화의 대표적 유물인 기원전 3천년대 녹니석으로 만든 제의용구, 조각상 및 다양한 형태의 용기들이 전시되어 있다. 어두운 회녹색 빛깔을 띤 이들 유물에는 동물, 식물, 건축물 등이 새겨져 신화적이고 종교적인 장면을 연출하며 신비로움을 자아낸다.

중기 엘람 시대 초가잔빌 Chogha Zanbil은 현존하는 가장 잘 보

사진. 축종소 모양의 토우, 기원전 13세기-12세기 초가 잔빌 출토

존된 지구라트 중 하나다. 이집트의 피라미드가 거대한 무덤 건축물이라면 메소포타미아의 지구라트는 신전 건축물이다. 평평한 메소포타미아 평지에서 여러 층의 계단형 흙벽돌 기단 위에 높이 세워진 신전은 하늘과 땅이 맞닿는 장소이자 신을 만나는 장소로 여겨졌다. 구약성경 창세기에 나오는 바벨탑 이야기처럼, 고대 메소포타미아의 주요 도시마다 세워졌던 지구라트는 그 주권자의 권위를 높이고 계층화된 사회의 정점으로서 도시민을 결집하는 정치적 역할을 담당했다. 오늘날 이란 남서부에 위치한 엘람 지역의 초가잔빌 지구라트는 엘람의 수도 수사를 위한 종교 센터의 역할을 했다. 그러나 도시 내에 위치했던 메소포타미아의 지구라트와 달리, 초가잔빌 지구라트는 도시에서 30여 킬로미터 떨어져 있었다. 이곳에서 발견된 대형 혹등소zebu 모양의 토우나 청동으로 제작된 대형 바퀴는 신전에 바쳐진 제물로 추정되며, 오늘날 이란 박물관에 전시되어 있다. 혹등소 토우에서는 이 토우의 봉헌자인 엘람 왕 운타쉬-나피리샤Untash-Napirisha의 이름이 발견되었다. 그는 기원전 13세기에 초가잔빌 지구라트를 건립한 장본인이다. 엘람 문명에서도 메소포타미아의 아카드 쐐기문자와 유사한 쐐기문자를 사용했으며, 박물관에서는 행정, 법률, 종교 기록이 새겨진 엘람 토판들이 전시되어 있다. 페르시아의 문화를 선도했던 엘람의 문자와 언어는 더 후대 아케메네스 페르시아 제국에서도 공식적으로 계속 사용되었다.

사진3. 다리우스 1세의 석상, 기원전 6세기-5세기 수사 출토

다리우스 1세의 화강암 석상
(아케메네스 페르시아 시대 | 기원전 550년-330년)

아케메네스 페르시아는 고레스 대왕Cyrus the Great이 창시한 최초의 페르시아 대제국이다. 다리우스Darius I와 크세르크세스 Xerxes I 시대에 전성기를 맞았는데, 이들은 구약 성경에 등장하는 다리오 왕Darius과 아하수에로 왕Ahasuerus이다. 이 시기의 유물은 제국의 행정력, 예술성, 그리고 종교적 관념을 반영한다. 아케메네스 Achaemenes라는 이름은 초기 페르시아 왕조의 조상으로, 여기서 왕조의 이름이 유래했다. 세 대륙에 걸쳐 있는 제국의 광활한 영토에는 다섯 수도가 있어 각각의 역할을 수행했다. 페르세폴리스Persepolis는 국가 행사의 중심 역할을 했고, 수사Susa는 과거 엘람의 수도로, 엘람 문화와의 융합을 보여준다. 바벨론Babylon은 메소포타미아 지역의 중심지였으며, 높은 산지에 위치한 엑바타나 Ecbatana는 여름 별궁으로 사용되었다. 이 외에 고레스 대왕의 무덤이 있는 건국 수도 파사르가대Pasargadae가 있었다. 이 궁전들은 페르시아 제국이 이집트, 엘람, 메소포타미아 등 정복 지역의 다양한 문화를 흡수하며 제국의 예술과 건축에 반영했음을 보여준다. 당대의 석상, 기둥, 계단 및 부조에서 페르시아의 기술력과 문화적 정체성을 엿볼 수 있다. 아케메네스 페르시아 예술은 정적이면서도 조화를 중시하는 예술적 스타일이 특징이다. 메소포타미아의 동적이고 다이내믹한 표현과 대조적으로 안정적이고 점진적인 스타일을 선호했다. 이 모습은 아케메네스 페르시아 제국의 유화적, 통합적 제국 경영 방식과도 조화를 이룬다.

현재 이란 국민이 가장 존경하는 역사적 인물은 고레스 대왕이다. 고레스 대왕은 평화와 관용, 정의의 인물로 이란 국민의 뇌리에 강하게 각인되어 있다. 이러한 인식에 가장 중요한 역할을 한 것이 1879년 바벨론에서 발견된 고레스 대왕의 원통형 토판Cyrus Cylinder이다. 이 토판은 고레스 대왕이 평화적으로 바벨론을 정복한 후, 그 주민을 존중하며 사회적, 종교적 관용을 베풀었다는 내용을 기록하고 있다. 이란이 가장 큰 국가적 상징물로 여기는 이 원통형 토판은 대영 박물관이 소장하고 있으며, 현재 이란 박물관에는 이 중요한 토판의 복사본을 전시한다. 지난 2010년 원본 토판이 이란 박물관에 대여 전시되기도 하여, 이란 국민의 뜨거운 관심을 받기도 했다.

사진4. 아케메네스 페르시아 궁전의 북쪽 계단 부조, 기원전 6세기~5세기 페르세폴리스 출토

사진5. 아케메네스 페르시아 궁전의 기둥 머리 장식, 기원전 6세기-5세기 페르세폴리스 출토

다리우스 1세는 페르시아를 확장하고 행정 체계를 정비한 대표적인 왕이었다. 이란 박물관에서는 이집트에서 제작되고 수사에서 발견된 다리우스 1세의 화강암 석상을 전시한다. 이러한 석상은 피정복지 여러 곳에 배치되어 제국의 권위와 안위를 확보하는 역할을 했으며, 제국의 광범위한 지배력을 상징적으로 보여준다. 이 석상에는 고대 페르시아어, 엘람어, 아카드어, 이집트 상형문자로 새겨진 비문이 있으며, 페르시아 제국이 통치하는 24개 민족을 기록하고 있다. 아쉽게도 석상의 머리 부분은 보존되어 있지 않다. 석상의 몸통은 길게 늘어뜨린 주름옷을 입은 권위있는 모습으로, 한 손은 가슴에 대고 한 발은 앞으로 내딛고 있다. 이러한 모습은 페르시아적 복장과 이집트적 동작이 결합된 것이다.

페르세폴리스Persepolis는 다리우스 1세가 행정 수도 겸 국가 행사의 중심지로 건설했다. 페르세폴리스 삼중문Tripylon 계단에서 박물관으로 옮겨온 부조에는 계단을 오르내리는 무장 군인들, 그리고 공물과 제물을 나르는 군인과 제사장의 행렬 모습이 정교하게 조각되어 있다. 이 부조를 통해 페르시아 제국의 제사나 왕실 의식의 일면이 생생하게 재현된다. 궁전Apadana의 북쪽 계단에서 박물관으로 옮겨온 부조에는 보좌에 앉은 왕과 왕을 알현하는 신하의 모습, 그리고 왕의 배후에 서 있는 왕세자 및 왕의 주요 측근인 사제와 경호 대장의 모습이 생동감 있게 새겨져 있다. 왕과 접견 신하 사이에는 두 개의 향단이 서 있어서 그 공간의 엄숙하고도 격조 있는 분위기를 상상케 한다. 왕의 한

사진6. 파르티아 청동 전사상, 기원전 2세기~서기 2세기 샤미 출토

손은 홀을, 다른 한 손은 영원을 상징하는 연꽃을 쥐고 있다. 이 왕을 다리우스를 묘사하는 것으로 보는 견해가 일반적이지만 그 아들 아하수에로로 보기도 한다.

 화려하고 장엄한 페르세폴리스 궁전의 수많은 기둥에는 황소, 사자, 그리핀과 같은 동물 모티브나 라마수와 같은 반인반수 형상을 기둥 머리 장식으로 얹는 것이 특징이었다. 이러한 기둥머리 장식은 페르시아의 발달된 건축술을 짐작게 하며, 제국의 권위를 상징적으로 표현하고 있다. 아케메네스 페르시아 제국의 궁전에는 제국 전역에서 불려 온 기술자들이 제작한 다양한 조각품과 건축 장식을 볼 수 있다. 이란 박물관에 전시된 검은 대리석 재질의 마스티프Mastiff 조각상은 정교한 조각술로 사실감을 극대화한 걸작품으로, 아케메네스 페르시아의 예술적 취향을 잘 드러낸다.

파르티아 청동 전사상
(파르티아 왕국 | 기원전 247년-서기 224년)

 파르티아는 중앙아시아 스키타이계의 유목민 출신으로, 로마 제국과 맞서며 이란고원의 패권을 유지했다. 박물관에서 전시하고 있는 청동 전사상은 파르티아 시대의 전사 모습을 묘사한 청동 조각상이며, 샤미Shami의 한 신전에서 출토되었다. 이 인물상은 당시 파르티아 전사의 복식과 기개를 잘 보여주며 양 갈래 수염과 헐렁한 바지, 벨트로 묶은 허리 장식이 특징이다. 파르티아 기병대는 말을 타고 뒤로 활을 쏘는 전술, 이른바 파르티안 샷Parthian shot에 능했고, 기동성과 화력을 바탕으로 로마

군을 격파하기도 했다. 파르티아 전사의 복식과 활쏘기 자세는 고구려 무용총의 수렵도 벽화에 나오는 무사를 연상케 한다.

소금 광산의 솔트맨
(사산조 페르시아 | 서기 224년-651년)

사산조 페르시아는 로마 제국과 지속적으로 대립한 마지막 고대 페르시아 왕조였다. 로마 황제 발레리아누스Balerianus가 전쟁 중 포로로 잡혀 부역하다가 죽은 일화는 사산조 페르시아의 강력함을 잘 보여준다. 사산조 페르시아는 조로아스터교를 국교로 삼아 발전시켰고, 이 시기에 조로아스터교는 교리가 완성되고 경전이 만들어지며 국가 경영에 반영되는 등 종교적 전성기를 누렸다. 이후 아랍 제국의 등장으로 조로아스터교는 점차 쇠퇴했다.

고대 유물 박물관을 한 바퀴 돌아 동선이 끝날 즈음에 특이한 유물이 전시되어 있는데, 이란 북서부 지역의 한 소금 광산 붕괴로 매몰된 인부의 약 1,700년 전 미라다. 이 미라는 소금의 방부 작용으로 신체와 모발, 그리고 의복이 잘 보존되었다. "솔트맨"Saltman이라 불리는 이 소금 미라는 사산조 페르시아의 광입과 당시 인부들의 생활상을 보여준다. 이 광산에서는 아케메네스-사산조 페르시아 시대에 걸쳐 여러 고대 광부 유해들이 미라 형태로 발견되었다.

사산조 왕들의 업적과 종교적 장면을 묘사한 부조는 종종 바위 절벽 등에 새겨져 당시 왕권과 종교적 상징성을 표현했다. 때로는 귀족이나 상류층의 암각화가 발견되기도 한다. 2023년에는 영국으로 밀반출되었던 사산조 군인 혹은 귀족으로 추정되는 인물의 암각 부조가 이란으로 반환되어 현재 이란 박물관에 전시되어 있다. 이 부조 속의 인물은 위엄있고 섬세하게 표현되어 사산조 예술의 정수를 잘 표현하는 것으로 평가받는다.

제국의 위엄과 국민 정체성

　　동으로는 드넓게 아시아가 펼쳐지고 서로는 문명의 굉음이 울려퍼지는 사이에서 이란의 시간은 여유롭다. 이란은 광활한 고원과 척박한 산지 가운데서도 수천 년간 인근 문명들과 구별되는 선 굵은 문화적 정체성을 이어 왔다. 이란 박물관은 이란이 고대부터 여러 왕조와 문명의 중심지였음을 입증하며, 고대 근동과 세계사의 흐름에서 중요한 역할을 한 이란의 역사적 위치를 재확인하게 한다. 고대 유물 전시관의 유물들은 수천 년에 걸친 페르시아 문명의 발전을 보여주며, 엘람, 아케메네스, 파르티아, 사산조에 이르는 다양한 거대 왕조의 흔적을 담고 있다. 특히 고레스 대왕과 그가 세운 아케메네스 페르시아 제국의 유산은 이란 국민의 국가적 자부심으로 남아 있다.

그러나 이란은 지난 수십 년간 정치적 상황과 국제 관계의 긴장으로 인해 관광 접근성이 제한되었고, 문화유산 보호에도 어려움을 겪고 있다. 이란 박물관은 특히 디지털화와 국제 협력을 통해 더 많은 대중에게 이란의 문화유산을 소개할 필요가 있다. 이란 박물관은 문화적 교류와 이해를 촉진하는 중요한 플랫폼으로 자리매김할 수 있다. 이란의 고대 문명은 오늘날 중동과 세계사에 큰 영향을 미쳤으며, 이러한 유산을 보존하고 연구하는 것은 전 인류의 중요한 과제다.

키프로스 국립박물관
The Cyprus Museum

신화의 섬, 문명의 징검다리

키프로스는 고대부터 지중해 무역로의 주요 중간 기착지이자 전략적 요충지였다. 또한 키프로스의 구리와 목재는 지중해 지역에서 잘 알려진 특산품이었다. 지중해를 둘러싼 여러 열강은 이러한 키프로스에 늘 눈독을 들여왔고, 청동기 시대 이래 오늘날까지 키프로스는 늘 외세의 영향력에서 벗어나지 못했다. 그러나 문화적으로는 섬이라는 여건으로 인해 고대부터 대륙과 비교적 독립적인 발전 과정을 이룰 수 있었고, 이집트, 아시리아, 페니키아, 그리스 등 다양한 문명의 영향을 받으며 독특한 복합 문화를 형성했다. 기원전 13-12세기경 이래 그리스계 주민의 대거 이주로 섬의 서쪽을 중심으로 그리스적 문화 색채가 더 강해졌다. 키프로스는 기원전 1천년대에 들어서도 지속적으로 고대 근동과 그리스 문화가 서로 교류하는 문명의 징검다리 역할을 담당했다. 이 시기에 아프로디테 여신과 그 연인 아도니스에 얽힌 신화가 고대 근동으로부터 건너와 키프로스를 배경으로 새롭게 그리스 버전으로 만들어졌을 가능성이 있다. 고대 그리스인에게 동서양을 아우르는 키프로스가 어떠한 신비감으로 비쳤는지 상상케 하는 대목이다.

키프로스 박물관The Cyprus Museum은 키프로스를 대표하는 박물관으로 수도 니코시아Nicosia에 있다. 이 박물관은 1960년 독립 이전까지 키프로스 내에서 발굴된 유물의 주요 소장처다. 박물관은 키프로스의 선사시대부터 로마 시대에 이르는 방대한 유물을 소장하고 있으며, 전시된 유물은 키프로스가 지중해 동부에서 차지하는 문화적, 역사적 중요성을 잘 보여준다.

현재 건물은 1924년 영국 식민지 시절에 설립되었다. 당시 많은 유물이 해외로 유출되는 상황에서 주민들이 고고학 유산을 보호하고자 영국 식민 통치 당국에 강력히 요청함으로써 박물관이 건립될 수 있었다. 키프로스는 1974년 튀르키예가 섬의 북동 지역을 점령한 이래 튀르키예계 북동부와 그리스계 남서부로 분단되어 있다. 이러한 분단으로 북동부 문화유산에 대한 접근이 차단되었고, 수천 년 동안 공유되었던 문화 기반은 반으로 쪼개진 상황이다.

박물관 및 전시관 구조

키프로스 박물관은 단층 구조로 되어 있으며, 비교적 소박한 규모로 지어졌다. 설립 당시 유럽에서 유행했던 모델을 본떠

서 그리스 신전 형태의 외관을 지녔다. 입구를 들어서면 전시관의 동선이 건물 사면을 따라 배치되어 있으며, 중앙 공간은 특별 전시나 학술 활동에 활용된다. 유물은 연대순으로 배치되어 있으며, 관람객은 시계 반대 방향으로 건물 내부를 돌면서 전시를 관람할 수 있다. 전시관은 신석기 시대, 청동기 시대, 철기 시대, 고전 시대, 로마 시대로 구분되어 있으며, 시대별로 특징적 유물이 전시된다. 일부 전시 코너에서는 특정 유적지에서 출토된 유물이나 주제별 유물을 집중 조명한다.

키프로스 박물관의 유물은 키프로스가 지중해 동부의 문화 교차로였음과 다양한 문명과의 활발한 교류와 충돌 속에서 발전한 독특한 문화였음을 보여준다. 박물관은 현재 확장 계획을 추진 중이며, 근처 병원 부지를 활용하여 더 넓은 공간으로 재개발될 예정이다.

청동 빛 하늘과 바다 가운데

구리 산업을 수호하는 청동 신상
(청동기 시대 | 기원전 2,400년-1,050년)

　　키프로스는 고대로부터 흙을 사용하여 제의 관련 물품을 제작하는 방식이 매우 발달했다. 약 기원전 2,000년 전 흙으로 구운 한 야외 신전 모델sanctuary model은 키프로스의 역사 초창기에 종교 의례의 형태가 어떠했는지 잘 보여준다. 이 모델은 야외 신전 내부의 제사 의식을 생생하게 묘사한다. 신전 중앙 벽에는 숭배 대상인 황소 머리와 뱀 형상이 걸려 있다. 입구 근처에는 제사에 바칠 동물의 모습도 보인다. 신전의 경내는 담장으로 외부와 차단되어 이곳이 구별된 신성한 장소임을 시사한다. 신전 내부는 그리스 정교회의 이코노스타시스iconostasis를 연상케 하는 칸막이로 다시 나뉘고, 제사장들이 신을 섬기는 장면과

사진1. 구리괴를 밟고 선 남성 신상, 기원전 12세기 엔코미 출토

일반 사람들이 제사를 지켜보는 모습을 담고 있다.

　키프로스는 풍부한 구리 광산으로 인해 청동기 시대에 번영을 구가했다. 이 시기의 대표적 금속 유물로는 구리 도끼, 청동 단검, 신상, 장신구 등이 있다. 키프로스는 당시 구리 수출의 중심지로, 지중해 전역의 교역망에 중요한 역할을 했다. 청동기 시대에 지중해 연안 여러 지역에서 발견되는 황소 가죽 모양의 구리괴copper ingot는 키프로스가 그 중요한 제작 센터였을 것이다. 키프로스 북동부 엔코미Enkomi 지역 신전에서 발견된 청동 신상은 긴 뿔이 머리에 달린 신으로 크기가 50센티미터가 넘어 이 신전의 숭배 대상이었을 가능성이 있다. 에게해Aegean 지역 예술에서 볼 수 있는 발달한 신체를 가지고 있지만 팔은 고대 근동 특유의 자세를 취하고 있어서, 목축의 신 아폴로의 키프로스 버전으로 추정하고 있다. 같은 지역에서 출토된 또 다른 남성 청동 신상은 구리괴 위에 창을 치켜들고 서 있는 모습으로 머리 관에 뿔이 있어 신적 존재임을 나타낸다. 원래 금도금을 입혔던 이 신상은 당대 우가리트 등 시리아 지역에서 자주 등장하는 바알 신을 연상케 한다. 그가 밟고 서 있는 황소 가죽 모양의 구리괴는 후기 청동기 시대 키프로스의 구리 산업과 종교적 신앙이 밀접하게 연결되어 있음을 나타낸다.

　고대 세계에도 현대와 유사한 문화적 유행이 존재했으며, 키프로스는 그 유행의 매개지로서 다양한 동서양의 문물이 지중해를 오가며 확산하는데 중요한 역할을 했다. 청동기 후기에는 키프로스에서 그리스 기원 미케네 토기Mycenaean pottery가 다량 출토되었고, 이집트, 시리아-팔레스타인, 그리고 히타이트 토기도 발견되었다. 이는 키프로스가 지중해 무역로의 허브였음을 보여주며, 당시 지중해 여러 지역 간에 활발했던 경제-문화적 교류를 입증한다. 또한 키프로스는 기원전 12세기경, 동지중해 문명 시스템이 갑작스럽게 파괴되면서 발생한 난민들의 대이동에 중요한 경로 역할을 했다. 주로 그리스 계통으로 추정되는 이들 이주민은 키프로스를 거쳐 동지중해 여러 해안 지역으로 이주했고, 가장 대표적인 예가 팔레스타인 남부 지역에 정착한 블레셋인Philistines이다. 구약성경에 자주 등장하는 블레셋인의 특징적인 토기 형태와 문양은 키프로스 및 그리스의 미케네 지역 토기와 매우 흡사해서 이들이 같은 계통의 집단이었음을 알려 주며, 키프로스가 중간 기착지 역할을 했음을 시사한다.

아이야 이리니 신전의 토우군
(철기 시대 | 기원전 1,050년-480년)

철기 시대에 키프로스는 여러 도시국가로 나뉘어져 있었다. 키프로스인들은 지역마다 많은 신전이 있어서 다양한 제사 의식을 행했다. 각 지역 신전에는 많은 양의 헌물용 토우와 신상이 발견되었다. 키프로스 북쪽의 작은 마을에서 야외 신전의 형태로 발견된 아이야 이리니Aya Irini 신전에는 수천 개의 헌물용 토우들이 출토되어, 당시의 종교의식을 보여준다. 키프로스 박물관에는 이 신전에서 발견된 다양한 크기의 토우를 한데 모아 전시하는 갤러리가 있어 멋진 광경을 연출한다. 갑작스러운 홍수로 많은 토사가 야외 신전을 덮으면서, 신전 사용은 중단되고 자연스럽게 많은 유물이 잘 보존될 수 있었다. 대부분의 토우는 철기 시대 말에 해당하는 아르카익 시대Archaic period의 것이며, 이 신전을 찾은 순례객이 제사를 드리고 신을 알현하며 공물로 남긴 것이다. 특히 황소, 남성, 전사의 형태를 한 토우가 많이 발견되어 이 신전의 주요 신이 남성 신임을 나타낸다. 토우의 다양한 크기와 예술적 완성도는 헌물자의 경제적 여건을 반영할 가능성이 있다. 특정 기간이 지나면 새롭게 헌물된 토우는 세워 놓고 오래전 헌물된 것들은 모아 땅에 묻는 방식으로 운영되었다. 토우는 신전 근처에서 제작되거나 교역을 통해 조달되었다. 아이야 이리니의 야외 신전 유물은 고대 키프로스 사회에서 종교, 사회, 경제적 요소의 결합을 보여주는 좋은 예로 평가된다.

철기 시대의 토기는 정교한 패턴과 채색이 특징이며, 그리스와 페니키아의 영향을 받은 것이 많다. 장신구는 금, 은, 청동으로 제작되었으며, 고대 키프로스 장인의 뛰어난 기술력을 입증한다.

한 전시실에는 철기 시대 주요 도시국가 중 하나인 살라미스Salamis의 왕실 무덤에서 발굴된 보물 및 보좌, 침대 등 장례 가구가 전시되어 있다. 이 유물들은 나무와 상아 장식을 조합하여 정교하게 디자인되어 당시 장인들의 높은 기술력을

보여준다. 왕실 생활상을 보여주며, 고대 키프로스의 장례문화와 생활 방식을 엿볼 수 있다.

키프로스가 고향인 아프로디테 여신 석상
(그리스 고전 시대 | 기원전 480년-310년)

키프로스는 사랑과 미의 여신 아프로디테의 탄생지로 유명하다. 섬의 서남쪽 파포스Paphos 지역은 파도 거품에서 태어난 것으로 전해지는 아프로디테의 고향이다. 청동기 시대까지 거슬러 올라가는 아프로디테 숭배는 로마 시대까지 계속 이어져서 키프로스에서 성행했던 이 여신의 숭배 문화를 잘 반영한다. 이러한 아프로디테 숭배의 증거는 특히 섬의 서쪽과 남쪽 지역을 중심으로 많은 신전 지역에서 발견되었다. 철기 시대에서 그리스 고전 시대까지 흙으로 구운 많은 여성 토우가 이들 신전에서 아프로디테에게 헌물용으로 바쳐졌고, 이들 중 일부는 키프로스 박물관에서 전시되고 있다. 이후 헬라-로마 시대에도 이 여신의 조각상은 계속 제작되고 그 숭배는 섬 여러 곳에서 이어졌다.

그리스 고전 시대에 키프로스의 유물은 그리스, 이집트 그리고 메소포타미아 문화가 혼합된 특징을 보인다. 이 시기 동안 페르시아 제국의 지배하에 있었던 키프로스는 후기로 갈수록 더 많은 그리스 문화의 영향을 받았다. 조각상의 주제는 주로 그리스 신화에 등장하는 인물이다. 조각 방식 또한 고전 그리스의 양식을 따르지만, 이집트와 메소포타미아 양식이 가미된 독특한 조각 양식의 모습을 보여주기도 한다. 그리스적인 얼

사진3. 아이야 이리니 신전의 토우군, 기원전 7세기-5세기 아이야 이리니 출토

키프로스 국립 박물관

굴 윤곽에 동양적인 경직성이 결합한 형태로, 특히 조각상의 수염, 눈, 얼굴 특징 등에서 문화적 융합의 흔적이 뚜렷하다. 키프로스에는 대리석이 풍부하지 않아 석상의 경우 주로 석회암으로 조각하는 경우가 많았다. 이러한 점은 키프로스 석상이 그리스 조각에 비해 더 경직성을 보이는 또 다른 이유다.

로마 황제 세베루스의 청동상
(헬라-로마 시대 | 기원전 310년-서기 395년)

알렉산더 대왕 후계자들의 통치 시기에 키프로스는 헬레니즘 문화의 영향을 받았다. 헬라 시대에는 그리스 문화가 동방을 압도하며 미술에서도 그리스적 요소가 두드러지게 나타난다. 이 시기의 주요 유물로는 알렉산더 대왕의 초상화가 새겨진 동전과 그리스 신전에서 출토된 장식품이 있다.

헬라 시대의 신전에서 발견된 기둥과 장식은 그리스 건축 양식을 반영하며, 키프로스의 종교적 경건함을 나타낸다. 키프로스에 대리석 수입이 증가하면서 섬세하고 자유롭게 표현된 그리스풍 대형 석상들이 섬에 본격적으로 등장하기 시작했고, 이 추세는 로마 시대까지 이어진다.

로마 제국의 통치 기간 제작된 로마 황제 세베루스Septimius Severus의 청동상은 키프로스가 로마의 영향력 아래 있었다는 것을 증명한다. 이 청동상은 실제 크기보다 약간 큰 누드 조각으로 황제의 얼굴은 사실적으로 묘사된 반면, 신체는 이상화된 형태로 제작되었다. 로마 시대의 사실적 조각 전통과 로마 황제의 이상적인 남성미를 표현한 이 황제상은 로마 황제의 권위를 강

사진4. 아프로디테 조각상, 기원전 1세기 돌라 출토

키프로스 국립 박물관

조하는 동시에 당대 키프로스가 로마 권력에 보이는 충성심을 드러낸다.

이 시기 박물관의 또 다른 대표적 유물로는 아폴로 신상이 있다. 로마 시대 키프로스에서 예술적 역량을 엿볼 수 있는 훌륭한 작품이며, 로마 시대에도 계속해서 그리스 신들이 숭배되었음을 나타낸다.

죽은 자를 기리는 추모 비석
(키프로스 박물관 지하층)

키프로스 박물관에서는 고대 매장 문화의 이해를 돕기 위해 매장 비석이나 매장 유물을 반지하 형태의 공간에 배치하여 실제 무덤의 분위기를 재현하고 있다. 키프로스를 비롯해서 더 동쪽으로 레바논, 튀르키예, 시리아 등 동지중해 전역에서 매장 비석이 널리 발견되었는데, 지역마다 스타일과 방식에서 차이를 보인다. 비석에는 개인의 생전 모습을 조각이나 문구로 기록하여 오늘날의 영정 사진이나 추모 영상과 유사한 역할을 했다. 당시 매장 문화에서 개인의 삶과 업적을 기리는 방식이 현대적 추모 문화와 유사하다고 할 수 있다.

박물관 지하층에는 또한 고대 키프로스에서 사용된 다양한 금석문이 전시되어 있는데, 당시 섬에서 사용된 다양한 문자를 통해 키프로스의 문화적 정체성과 교류를 확인할 수 있다. 키프로스에서 청동기 시대에 사용된 키프로 미노안 문자Cypro-Minoan Script는 아직 해독하지 못해서 고대 키프로스 언어와 문화 연구의 미해결 과제로 남아 있다.

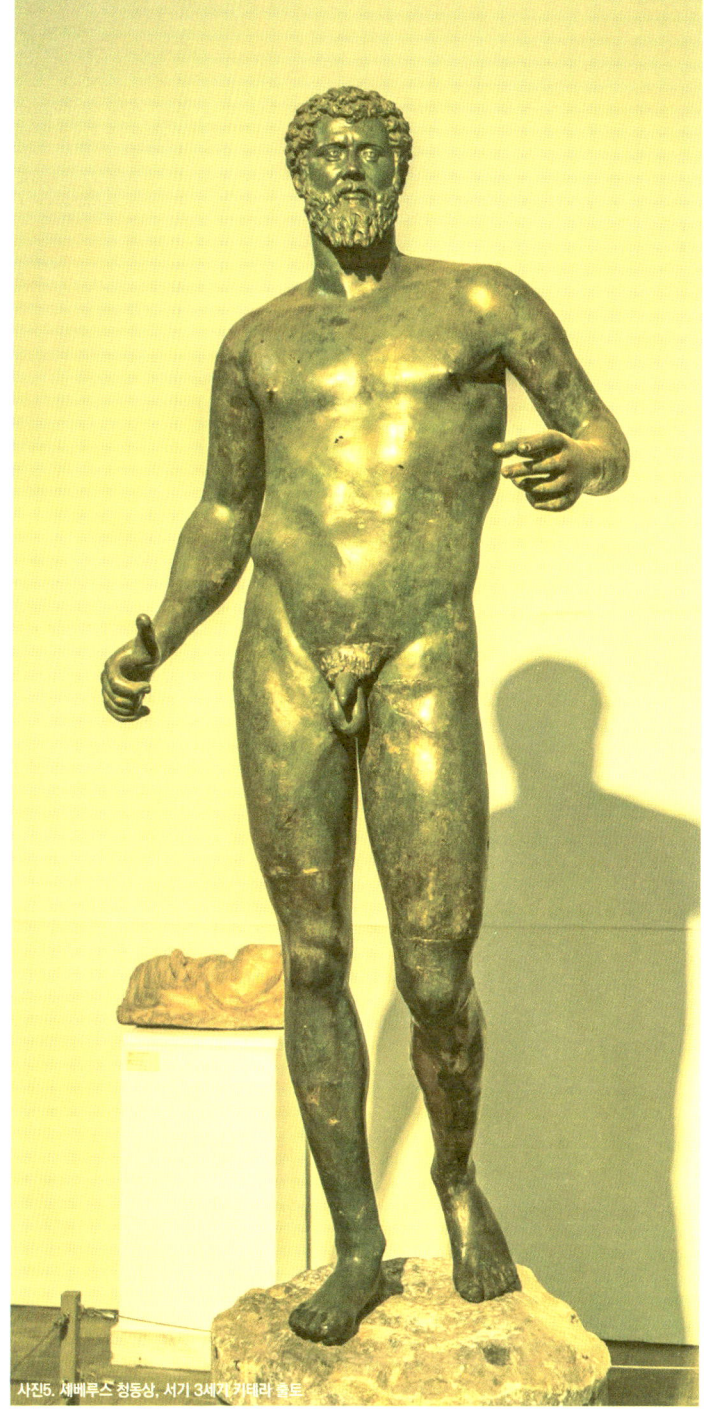

사진5. 세베루스 청동상, 서기 3세기 키테라 출토.

키프로스 국립 박물관

소통의 역사와 분단의 현실

키프로스 박물관은 동서양 문화가 교차하는 키프로스 섬의 역사를 증언하는 중요한 기관이다. 다양한 시대와 문화의 영향을 받은 유물들은 키프로스가 단순한 섬나라가 아닌 지중해 문명의 교차로였음을 입증한다. 특히, 그리스, 시리아-팔레스타인, 이집트, 메소포타미아의 문화적 흔적은 동지중해 고대인들이 이 섬을 이용하여 활발하게 교류했음을 보여준다. 이 과정에서 동서양 문화가 만나고 새로운 신화가 창조되었다.

그러나 현재 박물관의 소박한 규모와 시설은 키프로스가 겪는 분단의 현실과 맞물려 안타까움을 드러낸다. 현재 키프로스는 튀르키예계 북부와 그리스계 남부로 분단되어 있으며, 이에 따라 문화유산에 대한 접근과 보호에 어려움이 따른다. 박물관 확장 계획은 이러한 제약을 극복하고 키프로스의 문화유산을 더 체계적으로 보존하고 전시할 기회를 제공한다. 키프로스 박물관은 우리나라의 분단 상황과도 유사한 시사점을 던지며, 문화유산이 단순한 유물이 아니라 문화적 정체성과 공통된 역사적 기억의 상징임을 깨닫게 한다.

사진6 키프로스 국립박물관

이스탄불 박물관
Istanbul Archaeological Museums

유물이속삭임

동서양 문명의 거대한 모자이크

튀르키예는 고대 히타이트, 시리아-메소포타미아, 그리스-로마, 아르메니아 등 다양한 문명이 남기고 간 방대한 유산을 그 영토 내에 가지고 있다. 유럽과 아시아를 잇는 관문이며 양 대륙의 다양한 문화가 모자이크처럼 어우러져 있다. 오늘날의 튀르키예 영역을 훨씬 넘어서는 오스만 제국Ottoman Empire의 통치 기간 중 수집된 유물은 보유 문화유산의 풍성함을 더한다. 이스탄불 박물관Istanbul Archaeological Museums은 오스만 제국 시기에 튀르키예에서 최초로 설립된 박물관으로, 세계적으로 중요한 고고학적, 역사적 유물을 보유한 박물관 단지다. 19세기 후반부터 튀르키예 황제가 당대 유럽의 박물관들을 보고 감명을 받아 유물 수집을 시작하면서 그 기원이 마련되었다. 현재의 박물관은 1891년에 설립되었으며, 유럽과 아시아를 잇는 상징적 위치인 보스포루스Bosporus 해협 근처에 있다. 박물관이 위치한 이스탄불은 과거 오스만 튀르키예 제국의 중심이자 동로마 제국 수도였던 콘스탄티노플Constantinople이며, 수천 년에 걸친 다양한 문화가 융합된 도시다. 이스탄불 박물관은 오스만 제국 시절의 문화재 보호 정책과 공화국 수립 후 국가 정체성 확립을 위한 박물관 설립의 흐름 속에서 발전했다. 오늘날 이스탄불 박물관은 중동과 서양 문명의 접점에서 고대 근동과 그리스-로마 시대의 역사를 한눈에 볼 수 있는 중요한 장소로 평가받는다.

박물관 및 전시관 구조

이스탄불 박물관은 크게 세 개의 주요 건물로 구성된 박물관 단지다. 고대 근동과 그리스-로마 시대, 그리고 오스만 제국 등의 다양한 유물을 소장하고 있으며, 시대별, 지역별로 중요한 역사적 유물을 전시하고 있다. 박물관은 전체적으로 약 100만 점의 유물을 보유하고 있으며, 이는 고대 지중해 세계와 아나톨리아 반도의 역사를 이해하는 데 중요한 자료다.

첫째, 고고학 박물관은 그리스-로마 시대의 유물을 중심으로 전시하며, 시돈Sidon 지역에서 발굴된 석관을 중심으로 설립되었다. 이곳은 그리스와 로마의 조각상, 장신구, 석관 등이 전시되어 있으며, 팔레스타인 등 레반트 지역에서 발굴된 유물도 일부 소장하고 있다. 2022년에 크게 내부 개선 공사를 마쳤다.

둘째, 고대 근동 박물관은 메소포타미아와 고대 근동 지역의 유물을 전시한다. 전체적으로 복도식 구조로 이루어져 있는

데 현재 내부 개선 공사 중이다. 이곳에는 히타이트, 아시리아, 바빌로니아 시대의 중요한 유물이 전시된다. 마지막으로, 이슬람 예술 박물관은 오스만 제국과 이슬람 문화의 유물을 전시하고 있다.

각각의 유물은 단순한 전시품이 아니라, 동서양 문명의 교차로였던 이스탄불의 역사적 맥락과 문화적 융합을 생생히 증명하고 있다.

사진1. 이스탄불 고고학 박물관 전경

터키석 신비 아래서

그리스-로마 시대 석관과 신상
(고고학 박물관)

　고고학 박물관은 시돈 지역에서 발굴된 대량의 석관들을 보관하기 위해 1891년 오스만 제국의 저명한 건축가 오스만 함디 베이Osman Hamdi Bey에 의해 설립되었다. 이 석관들은 현재까지도 박물관의 주요 소장품으로 전시되고 있다. 이곳은 그리스, 로마, 비잔틴 시대를 중심으로 방대한 유물 컬렉션을 소장하고 있으며, 특히 석관과 조각상이 유명하다. 박물관 입구는 고대 신화적 상징을 담은 조각들로 장식되어 있다. 특히 악귀를 물리치는 역할을 하는 고대 근동 신화의 베스Bes 조각상이 전시되어 있으며, 이는 박물관을 사악한 존재로부터 보호한다는 상징적 의미를 지닌다.

박물관 입구에서 왼쪽으로는 아나톨리아와 레반트 등지의 매장 문화 유물을 주로 전시한다. 특히 레바논 시돈 지역에서 발굴된 석관이 유명하다. 시돈에서 발견된 대표적인 매장 유물인 알렉산더 석관Alexander Sarcophagus은 기원전 4세기의 것으로 추정되며 알렉산더 대왕의 전투 장면을 매우 정교하게 조각한 유물이다. 이름은 알렉산더 대왕의 이름을 따왔지만, 실제로 그의 무덤은 아니고 석관의 주인은 시돈 왕으로 알려져 있다. 석관 사면에는 알렉산더가 페르시아군과 전투를 벌이는 모습이 역동적으로 표현되어 있으며, 마케도니아군과 페르시아군의 갑옷과 무기, 표정까지 세밀하게 묘사되어 있다. 원래 석관에는 색이 입혀져 있어 더욱 생생했을 것으로 추정된다. 이 석관은 헬라 시대의 미술적 특징을 잘 보여주며, 그리스와 페르시아 문화의 충돌과 융합을 상징한다.

사진2. 알렉산더 석관, 기원전 4세기 시돈 출토

알렉산더 석관과 마찬가지로 시돈 지역에서 발견된 기원전 4세기의 애도하는 여인의 석관Sarcophagus of the Mourning Women에는 왕의 죽음을 애도하는 여성들의 모습이 새겨져 있다. 각 여성의 얼굴과 자세에서 슬픔과 애도의 감정을 생생하게 느낄 수 있다. 후궁으로 추정되는 이 여인들의 동작과 표정은 모두 다르게 표현된다. 벗은 발에 손을 가슴이나 머리에 얹고 슬픔에 잠겨 있는 모습은 고대 근동의 전통적 애도의 제스처를 보여준다. 그러나 사실적이고 자연스러운 인물 묘사와 신체 배율은 그리스의 예술 기법을 적용했다. 석관 벽면의 상층부에서 묘사되는 엄숙한 장례 행렬 모습은 죽은 자의 일생에 대한 깊은 존중의 분위기를 자아낸다. 석관은 전체적으로 그리스의 신전 형태를 띠고 있으며, 이스탄불 고고학 박물관의 정면 외관은 이 신전 모습을 모델로 만들어졌다. 이 석관은 동방과 그리스 문화의 예술적 융

사진3. 그리스 신상군, 대부분 고전 및 헬라 시대 원형을 로마 시대에 복제

사진4. 트로이 유적, 사진 왼쪽이 지층 7 성벽, 기원전 13-10세기

합을 반영하며, 당시 장례 의식과 제례 문화를 이해하는 데 중요한 자료다.

　박물관 입구에서 오른쪽으로 향하면 그리스와 로마의 조각 문화를 볼 수 있다. 그리스 신상 전시관과 로마 시대 조각품 전시관은 서로 마주 보고 있다. 그리스 신상 전시실의 정면 중앙에는 다양한 그리스 신화의 신들이 배경 그림과 함께 전시홀을 채우고 있다. 그 중앙에는 제우스 신상이 있고 그 왼편에 기원전 4세기 그리스 신화의 제우스와 이집트 신화의 암몬이 결합된 제우스-암몬 신상Zeus-Ammon Statue이 위치한다. 이렇듯 양의 뿔을 가진 제우스의 모습은 이집트에서 제우스-암몬의 아들로 스스로를 드러낸 알렉산더 대왕의 동서양 융합의 모습을 상징적으로 나타내며, 헬라 시대의 종교적 통합을 잘 보여준다. 같은 전시실에는 도시와 운명을 관장하며 도시 형태의 머리 장식을 특징으로 하는 티케 여신상을 비롯해서 다양한 그리스 신상들이 저마다의 스토리텔링에 맞추어 그룹지어 배치되어 있다.

　그리스 신상 전시실을 마주 보는 또 다른 전시실에는 로마 시대 조각상이 전시되어 있다. 기원전 1세기-서기 3세기의 로마 황제상, 신화적 인물상, 장식이 새겨진 석관, 초상 조각상 등은 로마 제국의 강력한 정치적, 군사적 영향력과 예술적 발전의 결합을 반영하며, 장례 문화와 같은 로마 시대 사회상의 일면을 이해할 수 있게 한다. 이 외에도 장신구 컬렉션에는 그리스, 로마, 비잔틴 시대에 걸쳐 지배 계층이 남긴 금관 등 화려한 장신구들이 포함되어 있으며, 당대 상류 계층의 화려한 생활을 보여준다.

트로이와 레반트 지역 유물
(고고학 박물관)

그리스 신상 전시실에서 계단을 오르면 트로이 전시관으로 이어진다. 오늘날 이스탄불 남서쪽 히사르릭Hisarlik에 위치한 고대 트로이는 약 5,000년의 긴 역사를 지녔다. 19세기 후반 발굴을 시작한 이래 오늘날까지 발굴이 이어지며 지층 0부터 10까지 층위가 발견되었다. 트로이 유적은 여러 번의 파괴와 재건을 거치며 다양한 문명이 공존했던 도시임을 보여준다. 트로이 전시관에는 층위 모형을 통해 이 역사를 한눈에 가늠할 수 있도록 시각화하고, 층위별 주요 발굴 유물을 세부 갤러리를 통해 전시했다. 트로이 전쟁과 관련된 시기로는 지층 6과 7이 유력하며, 특히 후기 청동기 시대의 마지막 층위로 기원전 1,300년에서 1,200년경으로 알려진 지층 7a가 가장 가능성이 큰 것으로 본다. 히타이트 기록에 의하면 이 시기에 트로이는 히타이트 제국Hittite Empire의 속국 윌루사Wilusa로 추정된다. 전시관의 유물은 호메로스Homer의 『일리아스』에 등장하는 트로이 전쟁의 실제 배경을 확인할 수 있는 매우 흥미로운 자료다. 후기 청동기 시대 층위는 튼튼한 성벽과 활발한 국제 교역의 증거를 보여주며, 이는 당시 사람들의 일상과 전쟁 준비 상황을 잘 반영하는 듯하다.

그리스-로마 시대의 매장 문화와 조각 문화를 중심으로 구성된 이스탄불 고고학 박물관의 별관에는 오스만 튀르키예 제국이 시리아-팔레스타인을 통치했을 당시 획득한 다양한 유물을 소장하고 있다. 이 중에 시선을 끄는 유물 중 하나는 예루살렘에서 발견된 실로암 비문Siloam inscription이다. 이 비문은 기원전 8세기 후기 유다 왕국의 히스기야 왕Hezekiah 시대에 새겨진 것으로 추정되며, 구약성경에 언급된 실로암 수로를 파는 작업의 성공과 기쁨을 기록한 고대 히브리어 비문이다. 당대의 토목 기술과 물 자원의 중요성을 보여주는 자료로, 성경에 기록된 히스기야 왕의 치세와 아시리아 침공에 대비한 예루살렘의 방어 체계를 입증하는 중요한 유물이다. 1880년 예루살렘에서 발굴되어 발굴 당시 팔레스타인을 지배하던 튀르키예에 의해 이스탄불 고고학 박물관으로 이전되었다.

사진5. 실로암 비문, 기원전 8세기 예루살렘 출토

고대 토판 컬렉션
(고대 근동 박물관)

이스탄불 박물관 단지의 뜰을 가로질러 고고학 박물관 맞은편에 위치한 고대 근동 박물관은 1883년에 설립되었으며, 메소포타미아, 아나톨리아, 시리아 지역의 고대 근동 유물을 전문적으로 전시한다. 이 박물관은 고대 근동 문명 국가들의 역사와 발전을 다루며, 특히 히타이트, 바빌로니아, 아시리아, 수메르, 이집트 문명의 유물이 다수 포함되어 있다. 고대 근동 박물관은 이 다양한 문명의 유산을 한자리에서 감상할 수 있는 중요한 공간이다. 박물관은 복도식 구조로, 방문객이 입구에서부터 끝까지 순차적으로 관람하도록 설계되었다. 현재 박물관은 개선 공사 중으로, 완공 후 더 현대적이고 스토리텔링 중심의 전시관으로 변모할 예정이다.

고대 근동 박물관에서는 수메르에서 신바빌로니아에 이르는 여러 시대의 중요한 유물들을 종합적으로 전시한다. 박물관의 메소포타미아 출토 소장품 중에 특별한 관심을 끄는 품목 중 하나는 '슈-수엔Shu-Suen 왕에게 바치는 사랑의 노래'라고 불리는 토판이다. 메소포타미아 니푸르Nippur 지역에서 발견된 이 수메르어 토판은 세계 최초 사랑의 시란 애칭으로 불린다. 기원전 2,000여 년 전 쓰인 이 토판에는 우르 제3왕조Third Dynasty of Ur의 왕 슈-수엔을 향한 한 여인의 에로틱한 사랑의 감정이 독백시 형식으로 담겨져 있다. 이 고대 시는 고대 수메르의 신년 축제 때 한 해의 풍요를 기원하며 행하는 '신성한 결혼'Hieros Gamos 의식에서 사용되었을 것으로 추정한다. 이 축제에서 왕은 전쟁, 사랑, 풍요의 여신 이난나의 여사제 중 하나와 동침하는 의식을 행했다고 한다.

전시관 동선의 시작 부분은 히타이트 제국의 수도 하투샤Hattusa를 비롯한 여러 지역에서 발견된 히타이트 법전, 석상, 신전 조각품 등이 전시되어 있다. 히타이트 제국은 기원전 1,600년에서 기원전 1,180년경까지 아나톨리아와 북시리아 지역에 걸쳐 번성하였다. 또한 강력한 군사력과 법률 체계를 갖추었으며, 철 제련 기술을 본격적으로 발전시켜 철기 시대 도래를 이끈 것으로 알려져 있다. 고대 근동 박물관의 히타이트 유물은 고대 아나톨리아와 북시리아 지역의 정치, 종교, 문화를 이해하는 데 중요한 자료다.

히타이트 제국의 유물 중 특히 주목할 만한 전시품은 히타이트-이집트 평화 조약 문서Egyptian-Hittite

사진6. 히타이트-이집트 평화 조약 문서 (아래), 기원전 13세기 하투샤 출토

peace treaty다. 아카드어로 쓰인 이 토판 문서는 기원전 13세기 중엽 히타이트와 이집트가 맺은 현존 세계 최초의 평화 조약 문서로, 히타이트의 수도 하투샤에서 발견되었다. 문서는 당시 국제 공용어인 아카드어Akkadian language로 기록되었고, 상호 불가침, 적대관계 청산, 상호 원조 및 시리아를 둘러싼 분쟁 해결 등을 골자로 하고 있다. 같은 조약의 이집트 측 판본은 이집트 룩소르Luxor의 람세스 2세 신전 벽에 기록되어 있다. 이처럼 고대 근동에서 같은 조약의 서로 다른 두 판본이 조약 당사국들에서 각각 발견된 경우는 매우 희귀하다. 오늘날 뉴욕에 위치한 유엔 본부에는 이 토판 문서의 사본을 건물 벽면에 게시하여 이 조약 문서가 가지는 상징성을 기리고 있다.

고대 석상과 부조
(고대 근동 박물관)

히타이트 제국 멸망 이후에도 히타이트 문화는 기원전 8세기까지 북시리아와 아나톨리아 동남부를 중심으로 여러 신히타이트Neo-Hittite 국가들에 전승되었다. 이들은 주로 현무암 재질의 석상과 암각 부조를 많이 남겼는데, 히타이트 고유의 투박하고도 활기 넘치는 특성에 시리아 등지의 새로운 요소들이 결합하여 있다. 박물관에 전시된 한 신히타이트 석조 부조에는 왕이 폭풍의 신 앞에서 예배하는 모습을 보여준다. 신은 거대한 몸과 히타이트 특유의 강인한 근육질로 묘사되고 특유의 뿔 달린 관을 쓴 채 풍요를 상징하는 포도와 밀을 쥐고 있다. 해당 유물은 복사본이며, 원본은 암각 부조로 아나톨리아 남부 이브리즈Ivriz에 보존되어 있다. 같은 지역 진지를리Zincirli에서 발견되어 박물관에 옮겨 온 한 현무암 석상에는 왕 또는 신으로 추정되는 인물이 사자 등을 밟고 서 있는 모습을 보여준다. 권위를 가진 자가 사자를 부리는 장면은 고대 근동에서 전통적으로 권력과 자연 정복을 상징한다. 사자는 왕권과 신성을 나타내며, 이러한 주제는 더 남쪽으로 팔레스타인 지역에서도 유사하게 발견된다.

고대 근동 박물관 동선이 끝나는 전시홀 한가운데 앗수르Assur에서 발견된 기원전 9세기 샬마네세르 3세의 석상이 서 있다. 현무암으로 제작된 이 석상은 왕의 위엄과 정치적 권위를 상징적으로 표현한다. 샬마네세르 3세는 아시리아 제국이 팽창하는 데 큰 발판을 마련했던 인물이다. 기원전 853년에는 시리아의 카르카르 전투Battle of Qarqar에서 구약성경에 등장하는 이스라엘의 아합Ahab과 아람-다메섹의 왕

사진7. 신히타이트 왕(또는 신)의 석상, 기원전 9세기 진지를리 출토

하다드에셀Hadadezer이 이끄는 시리아 연합군과 전쟁을 벌이기도 했다. 샬마네세르 3세의 다른 묘사와 마찬가지로 이 석상에서 그는 부리부리한 눈과 위엄있는 얼굴로 묘사된다. 그의 왼손에는 왕권을 상징하는 홀을, 오른손에는 곤봉을 연상케 하는 무기를 쥐고 있으며, 허리춤에는 두 자루의 칼을 차고 있어 전쟁 영웅다운 면모를 보여준다. 이 석상은 아시리아 왕을 묘사한 조각상 중에 잘 보존된 석상 중 하나이며, 석상 표면에 새겨진 비문과 문양을 통해 그의 계보, 치적, 그리고 종교심을 전달한다.

고대 근동 박물관에서는 전시관의 전체 동선을 위해 기원전 6세기 느부갓네살 왕Nebuchadnezzar II 시대에 건설된 바벨론의 성문인 이슈타르 문Ishtar Gate 지역에서 가져온 진입로의 벽이 이

사진8. 이슈타르 문 진입로의 부조 벽화, 기원전 6세기 바빌론 출토

용되었다. 이슈타르 성문 진입로의 양쪽 벽은 파란색 유약이 입혀진 벽돌로 제작되었다. 그 문의 원래 높이는 10미터 이상이고 길의 폭은 약 20미터로 바벨론의 웅장함을 드러낸다. 벽에는 사자와 황소, 그리고 용을 닮은 무슈슈mushushu라는 신화적 동물이 부조 형태로 장식되어 있으며, 이들은 각각 이슈타르 여신, 마르두크 신, 하다드 신과 관련된 상징적 동물이다. 마르두크Marduk는 바벨론의 수호신이자 신바빌로니아의 최고신의 위치에 있었으며, 하다드Hadad는 가나안 기원의 폭풍의 신이다. 이슈타르는 사랑과 전쟁의 여신으로, 이 문은 이슈타르 신전에 이어지는 길목에 위치하여 왕의 권력과 바벨론의 번영을 상징적으로 드러낸다. 현재 이슈타르 성문 지역의 유적은 원래 소재국인 이라크뿐만 아니라 독일의 페르가몬 박물관, 이스탄불 고고학 박물관 및 세계 다른 여러 장소에 나뉘어 보관, 전시되고 있다.

다양성과 일치의 조화

    이스탄불은 동로마 제국과 오스만 튀르키예 제국의 중심지이자, 다양한 문화와 역사를 간직한 도시다. 이스탄불 박물관은 이러한 도시의 특징을 잘 반영하며, 동양과 서양 문명이 만나는 지점인 튀르키예의 역사적, 문화적 가치를 잘 보여주는 장소다. 박물관은 고대부터 근대에 이르기까지 동서양의 다양하고 방대한 문명의 흔적을 보존하며, 세계 문화유산 보호와 연구에 중요한 시사점을 제공한다. 또한 최근 리모델링을 통해 현대적 전시 기법과 스토리텔링을 도입하여 관람객의 이해를 돕고 있다. 방대한 유물의 다양성으로 인해 연대별 구성보다 주제별, 분야별 배치를 선호하는 것으로 보인다.

    튀르키예는 지역에 따라 다양한 역사문화적, 인종적 스펙트럼을 가진다. 따라서 지역별 특성을 반영한 튀르키예의 박물관 운영방식은 튀르키예의 다문화적 정체성을 유지하는 데 중요한 역할을 한다. 그러나 지역 박물관 간 효율적 소통과 통합적 관리운영에 어려움이 발생하는 측면도 있다. 첨단 IT기술을 활용한 통합 관리가 더 강화될 필요가 있다.

아누-유대민족박물관
ANU-Museum of the Jewish People

이천 년 디아스포라의 귀환

　　아누-유대민족 박물관ANU-Museum of the Jewish People은 이스라엘 텔아비브 대학교 캠퍼스Tel Aviv University에 있다. 세계사에서 독특하고도 중요한 족적을 남겨온 유대인의 민족사와 정체성을 조명하는 대표적인 유대 박물관이다. 2021년 리모델링 이후 디아스포라 박물관Diaspora Museum에서 아누-유대민족 박물관으로 이름을 바꿨는데, '아누'אנו라는 히브리어는 '우리'라는 뜻이다. 이 박물관은 1978년 전 세계 200여 개국에 흩어진 유대인의 정체성을 강조하며, 유대인의 생존과 번영을 위한 정신적 가치를 보전하고자 설립되었다. 전 세계 150여 개의 유대 박물관 중 최대 규모로, 유대민족 고유의 무형 문화유산을 다양한 시청각 자료 등을 통하여 제시한다. 박물관은 크게 세 층의 전시관으로 구성되어 있으며, 관람 동선은 3층에서 시작해서 1층으로 이어진다.

주요 전시관 외에 지상층에는 학생을 위한 교육 공간이 있다.

전시관과 주요 테마

박물관은 현대적 스토리텔링 기법을 도입해 다양한 유대인 공동체의 역사와 문화를 전시한다. 현재를 발판으로, 과거로 거슬러 올라가며 시대를 초월하여 흐르는 무형의 문화유산이 무엇인지, 그리고 변화하는 각 시대의 도전 앞에 유대민족으로서 어떻게 응대해 왔는지를 보여준다.

3층은 '모자이크'를 주제로 현대 유대인의 다양성을 다룬다. 유대인이 여러 인종, 언어, 사고방식을 수용하면서도 공통의 정체성을 유지하는 모습을 보여준다. 2층은 중세 시대의 유대인 이주사와 공동체 형성을 다루며, 다양한 회당과 유대인 가족의 역사를 재구성한다. 1층은 현대와 과거를 연결하는 '정신

사진1. 아누-유대민족 박물관 전경, 사진 왼쪽 건물

적 기반'을 주제로 하며, 회당, 토라, 교육이 유대인 정체성의 핵심임을 강조한다. 지상층에는 롤모델 체험관 등이 있다. 측면 입구의 계단 천장에는 17세기에 지어진 폴란드 초도로이 회당 Chodoroy synagogue의 천장 모델이 화려한 문양과 함께 재현되어 있다. 제2차 세계대전 때 사라진 유대 회당의 한 전형을 통해 과거 동유럽 유대 공동체의 번영을 상징적으로 보여준다.

아누-유대민족 박물관의 가장 두드러진 특징은 기존의 전통적인 유물 전시 방식을 탈피하고, 보다 현대적이고 역동적인 재구성 방식을 채택한 점이다. 이 박물관의 전시기획은 고전적 의미에서의 유물 전시보다는 주제와 스토리텔링에 맞춘 재구성 전시로 이루어진다. 이러한 방식을 통해 관람객은 유대인의 역사와 문화를 보다 깊이 이해하고 체험할 수 있고, 단순히 유물 감상 차원을 넘어 유대인의 정체성을 체험하고 자신의 뿌리를 되돌아보게 된다.

격랑의 역사를 뚫고

전시물의 재구성과 현대적 스토리텔링

　박물관 내 대부분의 전시물은 실제 유물을 전시하는 방식 대신 모형, 재구성 세트, 그리고 시청각 자료를 사용한다. 예를 들어, 중세 시대의 중요한 회당이나 공동체의 건축물은 축소 모형이나 복제본으로 제작되어 전시된다. 특정 시대 유대인 가정의 생활 풍경을 사실적으로 재구성한 모형들은 관람객이 유대인의 역사적 삶을 시각적으로 이해할 수 있게 돕는다.

　전시관은 다양한 주제별 섹션으로 나뉘어 있으며, 각 섹션은 특정 스토리텔링 기법으로 유대인의 문화를 입체적으로 보여준다. 3층에 위치한 현대 유대인의 다양한 삶의 모습과 성취를 보여주는 전시관은 주제별 섹션으로 구분되어 제시된다. 예를 들어, 유대인의 유머 섹션은 유대인 특유의 풍자와 위트가 어떻게 역사와 문화 속에서 발전했는지를 다양한 사례를 통해 전시한다. 미국 코미디계에서 유대인이 차지하는 높은 비중, 탈무드에서 유래한 풍자적 농담 등은 관람객에게 흥미로운 문화적 인사이트를 제공하며 현대 유대인이 구축한 독특한 성취의 일면을 이해하게 한다. 유대인의 음악 섹션은 다양한 장르에서 유대인 음악가들의 뛰어난 성과를 전시하고 그 음악적 예술적 배경을 소개한다. 유대인 공동체 내에서 바이올린 연주와 같은 음악 활동은 단순한 예술을 넘어 정체성 유지와 공동체 생존의 역사 속에서 기능했음을 설명한다. 유대인의 문학과 언어 섹션은 다수의 역대 노벨 문학상 수상자 등 다양한 문학 분야에서 성취를 소개한다. 유대인은 오랜 디아스포라의 역사를 겪으면서 전 세계 각지에서 다양한 문화와 융합된 문학을 창작했다. 많은 유대인 문학 작품이 유대인의 역사적, 종교적, 철학적 전통을 현대적인 시각으로 재해석했다. 이 섹션에서는 또한 히브리어의 문자 체계와 독특한 언어적 특징, 그리고 오랜 역사적 전통을 설명한다.

디지털 기술과 족보 검색 시스템

박물관의 또 다른 핵심 체험 요소는 디지털 족보 검색 시스템Jewish Genealogy Center이다. 관람객은 데이터베이스를 이용해 자신의 가계도를 검색할 수 있다. 자신이나 가족의 이름을 입력하면, 그 이름과 연관된 가계도가 디지털 화면에 나타나며, 이를 통해 자신의 뿌리를 시각적으로 확인할 수 있다. 이 시스템은

사진2. 유대인 음악 섹션

전 세계 유대인들이 서로 어떻게 연결되어 있는지를 보여주며, 유대인 공동체의 광범위한 네트워크를 체험할 수 있게 한다.

이러한 족보 검색은 단순한 정보 검색에 그치지 않고, 관람객이 자신의 정체성과 가족사를 되새기며 더 큰 유대 공동체와의 연결을 느낄 수 있게 한다. 박물관은 이를 통해 개인의 역사와 민족의 역사가 하나로 연결되어 있음을 강조한다. 이 체험은 특히 젊은 세대에게 자신이 속한 공동체에 대한 자부심과 소속감을 심어주는 중요한 교육 도구로 활용된다.

2층 전시관은 다양한 시공간 배경으로 거슬러 올라가는 유대 민족의 뿌리와 역사 이야기를 보여 주며, 이를 통해 개인의 역사가 공동체 및 민족의 역사와 연결되고 있음을 느끼게 한다. 전 세계 유대 공동체의 거주, 문화, 학문의 중심지가 어떻게 성장하고 번영했으며 또한 쇠퇴와 질곡을 겪었는지 설명하고, 유

사진3. 유대 공동체 소개 전시관

대인의 신앙, 사상, 창조성이 어떠한 발전 양상을 거쳤는지 알려준다. 특히, 성경 연구로부터 파생된 수많은 학문과 지혜의 발전 모습을 역피라미드 형태의 모델로 보여준다. 이러한 역사 여행을 통해 유대인 정체성은 개인의 종교적 신념뿐만 아니라, 공동체와 연대, 그리고 전통의 계승을 통해 강화되어 왔음을 알 수 있다. 유대인들은 자녀와 후손들이 유대인으로서의 정체성을 계승하여 살아가는 것을 가장 중요하게 여긴다.

롤모델과 체험형 교육 프로그램

박물관은 유대인 역사에서 뛰어난 업적을 이룬 인물들을 '롤모델'로 소개하고, 이를 체험할 수 있는 교육 프로그램을 제공한다. 3층 전시관에 위치한 이 섹션은 '루미나리스'Luminaries라는 이름으로, 과학, 문학, 예술, 음악 등 다양한 분야에서 두각을 나타낸 유대인을 전시한다. 아이들은 이곳에서 자신이 닮고 싶은 롤모델을 선택하고, 그 인물의 업적과 삶의 이야기를 배우며 자신의 꿈과 목표를 설정할 수 있다.

특히, 박물관은 지상층의 롤모델 전시관The Hero gallery에 체험 학습장을 마련해 롤모델의 삶을 실제로 체험할 기회를 제공한다. 예를 들어, 어린이들은 과학자 알베르트 아인슈타인Albert Einstein의 연구실을 재현한 공간에서 간단한 과학 실험을 수행하거나, 유명한 음악가의 삶을 체험할 수 있는 공간에서 악기를 연주해 볼 수 있다. 이러한 체험형 교육은 단순히 정보를 전달하는 것을 넘어, 아이들이 능동적으로 참여하며 배울 수 있도록 구성되어 있다. 아이들은 유대 역사의 스토리텔링에 스스로 어떤 영웅으로 참여할지 선택할 수 있다. 아이들은 군중의 선택을 따르지 않고 각자가 선택한 독자적 롤모델을 좇아 과감하게 도전하고 생각함으로써 유대 미래 세대의 정체성 형성에 이바지한다.

회당과 공동체의 재현

박물관 1층은 다양한 배경을 가진 유대인의 공통 핵심이자 유대인 존재의 개념적 토대가 되는 각종 유대 전통, 생활 규례 그리고 성경을 전시한다. 그중에서도 핵심 전시 요소는 회당과 유대인 공동체의 재현이다. 이는 유대인 정체성의 중심에 회당이 있음을 강조하는 부분이다. 1층에 있는 '회당 홀'Synagogue Hall 에는 다양한 유대 공동체와 그들의 삶을 보여주는 21개의 회당 모델이 전시되어 있다. 전시된 회당들은 실제 유대인 공동체에서 중요한 역할을 했던 역사적 회당들을 재현한 것으로 다양한 지역적 특성과 디자인을 보여준다. 각 모델 옆에는 그 회당에서 나온 유대 성물, 기도 책, 출판물, 스테인드글라스 창문과 같은 실제 유물이 함께 전시되고, 종교적 혹은 사회적 회합, 공부, 기도, 성인식, 모금, 자선 등 다양한 회당 활동도 소개된다.

관람객은 이 전시를 통해 회당이 단순한 종교 시설이 아니라 유대인 공동체의 중심 역할을 했음을 이해할 수 있다. 회당은 종교 활동뿐만 아니라 교육, 커뮤니티 활동, 심지어 숙박 시설로도 사용되었다. 이러한 재현을 통해 유대인이 공동체 의식과 정체성을 어떻게 지켜왔는지 보여준다.

사진4. 아이디어가 자라나는 모습을 형상화한 모델

1층 전시관에는 또한 10세기경 제작된 성경 사본 Codex Sasson을 전시하고 있다. 토라와 탈무드 같은 율법적 전통은 단순한 종교 경전이 아니라, 유대인 공동체와 개개인의 삶을 이어주는 핵심이며, 율법을 기반으로 한 학문과 교육이 유대인의 정체성과 생존력의 핵심 요소다. 과거와 현재를 잇는 중심에는 회당과 토라, 그리고 탈무드로 이어지는 학문적, 신앙적 전통이 있다. 전시관은 질고의 역사 속에서도 이 중심 가치를 지키며 미래를 열어 간 유대인의 삶을 조명한다.

다원적 내러티브

박물관은 전시 기획에 있어 다원적 내러티브를 강조한다. 유대인은 전 세계 200여 개국에 흩어져 살고 있으며, 각기 다른 언어와 문화를 가지고 있다. 이에 따라 박물관은 모든 유대인이 동일한 역사를 공유하기보다는, 각자의 이야기를 존중하면서도 공통된 정체성을 인식하도록 돕는다.

3층 전시관의 전체 컨셉인 '모자이크'는 이러한 다원성을 상징적으로 표현한다. 유대인의 얼굴, 의상, 문화가 매우 다양하다는 점을 강조하며, 이를 '모자이크'처럼 하나의 큰 그림으로 연결한다. 이를 통해 관람객은 유대인이 특정한 인종적 특성이나 문화로 분류될 수 없음을 이해하게 된다.

박물관 내 티쉬 센터 Tisch Center는 이스라엘 내 유대인과 전 세계 디아스포라 유대인 사이에 대화 창구의 역할을 한다. 유대인 공동체는 '미국 유대인과 이스라엘 유대인' 혹은 '예루살렘 유

사진5. 유대 회당 모델

대인과 텔아비브 유대인'처럼 국가와 지역에 따라 정치적, 문화적 차이가 존재한다. 티슈 센터는 유대인 간 갈등과 오해를 해소하고, 서로를 이해하는 플랫폼을 제공한다. 서로 다를 수도 있는 의견이나 정치적 성향에도 불구하고, "우리는 모두 유대인이다"라는 공통 기반 위에서 대화의 장을 마련하여 공동 사명과 연결성을 제고하는 역할을 한다. "동의하지 않더라도 대화할 수 있다"라는 문화를 통해 공동체의 결속을 유지하고자 하는 취지다.

세대 간 기억의 전달과 공동체 의식

박물관은 세대 간 기억의 전달을 중요한 교육 목표로 삼고 있다. 가족의 역사를 조사하고 기록하는 체험 프로그램은 유대인이 자신의 뿌리를 이해하고 공동체의 일부로서 정체성을 강

사진6. 14세기 프랑스에서 제작된 바빌론 탈무드

화하게 한다. 관람 학생은 할아버지, 할머니와의 대화를 통해 과거의 이야기를 듣고, 이를 바탕으로 가족의 역사를 시각적으로 표현하는 활동에 참여한다.

　이러한 프로그램은 유대인 정체성을 유지하기 위한 중요한 도구로 작용한다. 박물관은 전 세계 유대인 공동체가 서로 연결되어 있다는 점을 강조하며, 관람객이 자신의 뿌리와 유대인 공동체의 지속성에 대해 책임감을 느끼도록 유도한다. 박물관은 '내 가족 이야기' My Family Story 나 '세대에서 세대로' Generation to Generation 와 같은 뿌리 찾기 프로그램을 진행한다. 이들 프로그램은 유대인 아이들이 가족의 역사를 이해하고 자신의 정체성을 강화할 수 있도록 의도되었다.

　학생들은 할아버지, 증조할아버지 등 가족의 뿌리를 조사하고, 가족사를 예술 작품이나 발표 자료로 제작하여 이스라엘뿐만 아니라 전 세계 유대인들이 참여하는 콘테스트로 발전시켜 진행한다. 뿌리 찾기 프로그램을 통해 아이들은 할아버지, 할머니의 이야기를 직접 듣고, 이를 기록하며 세대 간의 유대를 강화한다. 아이들은 할머니, 할아버지의 경험을 단순히 '훈계'로 받아들이기보다는 기억의 전달로 인식한다. 유대인은 개인의 기억이 곧 공동체의 기억이자 유산으로 작용한다고 보고, 할아버지, 할머니의 기억을 아이들에게 전하는 것은 개인과 공동체의 뿌리를 연결하는 핵심 과정이라고 여긴다. 결과적으로 세대 간 기억 전달은 "내가 혼자가 아니다"라는 소속감과 연대감을 제공하고 사회적 단절을 극복할 힘을 제공한다.

정체성과 민족의 지속성

    아누-유대민족 박물관은 전통적인 유물 전시를 넘어, 현대적 재구성, 디지털 체험, 세대 간 기억 전달을 통해 유대인의 정체성을 깊이 체험할 수 있는 특별한 공간으로 자리 잡고 있다. 유대민족 박물관은 유대인으로서 정체성이 곧 유대민족의 생명력이라는 메시지를 전달하며, 각기 다른 배경을 가진 유대인들이 어떻게 역사를 통해 결속을 유지했는지 보여준다. 회당, 토라, 탈무드와 같은 정신적, 종교적 요소가 유대인의 정체성을 지탱하는 기반으로 강조된다. 특히 세대 간 기억 전달과 공동체 유지가 중요시되며, 전 세계 유대인들이 서로를 돕는 연대 의식도 부각된다. 이러한 가치는 시대의 변화에 맞게 창조적으로 갱신된다. 유대인의 창조성은 미래만을 바라보는 데서 생겨난 것이 아니다. 오히려 세대 간 전달되어 온 정신과 가치가 현재에 던지는 질문 앞에 고민하는 과정에서 창조성이 발현된다.

한국 사회는 갈수록 깊어지는 사회 내 단절을 극복하고 공동체성을 회복하기 위해 가족사와 세대 간 기억의 전달을 체계적으로 기록하고 보존하는 방안이 검토되어야 한다. 이를 위해 유대인의 '뿌리 찾기'와 같은 프로그램이 유용한 모델이 될 수 있다. 개인과 공동체, 그리고 민족의 역사가 서로 유기적으로 연결되어 있음을 보여주는 유대민족 박물관의 정체성 보전 방식은 한국 사회의 정체성 제고 방안으로 실효성 있게 참고할 수 있다.

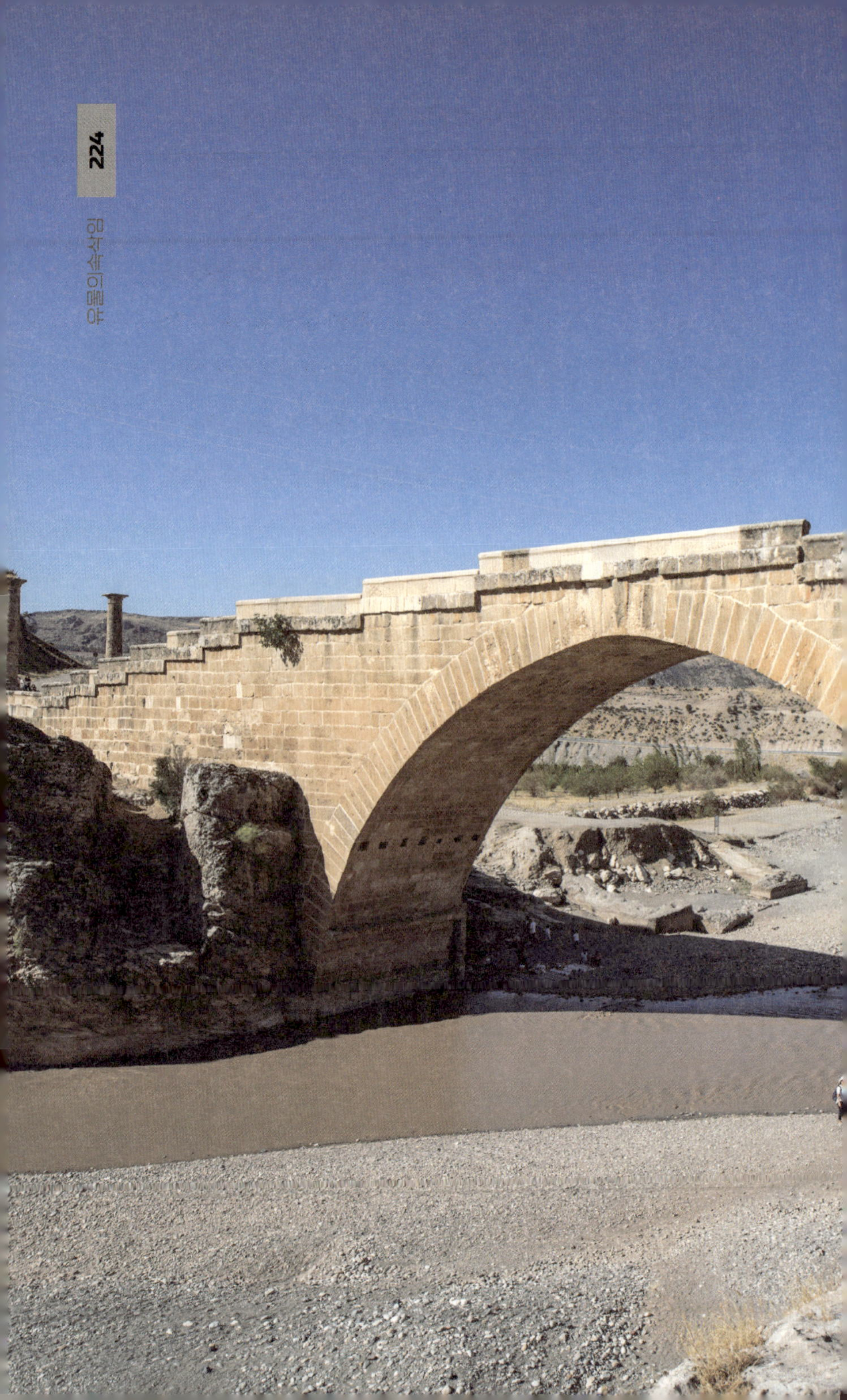

박물관, 과거와 현재를 잇는 다리

박물관에서 찾는 새로운 시각

　인기 드라마 "응답하라 1988"처럼 많은 경우 과거와 현대의 소통은 현재에서 과거를 소환하는 방식이었다. 그러나 이미 과거는 미래를 향해 기대하는 바가 있었고 그 미래가 바로 현재이다. 유물은 단지 말할 수 없어 묵묵히 전시실에 놓여 있을 뿐, 오늘을 사는 우리에게 주는 메시지가 있다.

　박물관의 유물은 방문객들이 과거와 현재가 본질적으로 그리 다르지 않음을 깨닫기를 기대한다. 동시에 과거가 현재와 다른 시대적 특수성을 가졌음도 알아주기를 원한다. 마치 부모 세대가 자식 세대와 크게 다르지 않지만, 각 세대는 담당해야 할 나름의 특수성이 있는 것과 마찬가지다. 유물에는 굳이 말로 구구절절 풀어내지는 않지만, 후대가 귀 기울여 들어줬으면 하는 간절한 기대가 있다. 이러한 기대는 무수한 세대를 거쳐 사슬고리처럼 오늘날까지 닿아 있다.

　이 고리는 사회와 국가, 문명의 소용돌이 속에서 거대한 실타래처럼 복잡하게 얽혀 있어서 마치 과거와 현재가 단절된 듯 보인다. 고대 연구로 깊이 올라갈수록 문헌자료는 적어지고 물질문화에 대한 의존도가 높아진다. 고대 문화일수록 살과 거죽이 없어지고 뼈와 화석 위주로 남지만, 여전히 미래를 향한 과거의 기대가 무엇인지 그 흔적은 남는다. 몸짓, 표정, 선물 주고받기, 다양한 방식의 호의나 감정 표시 등이 합쳐져 더 온전한 소통이 가능하듯, 이전 세대는 현 세대에 문헌자료만 아니라 유무형적인 문화와 가치로 기대하는 바를 남긴다.

　이런 의미에서 유물 박물관은 단순히 현재 일상과 잠시 분리된 낯선heterotopic 공간으로만 치부될 수 없다. 과거와 현재의 공통점과 차이점을 이해하고 현재가 과거의 기대에 응답하는 공간이 박물관이다. 과거와 현재가 단절된 비현실의 공간이 아니라 서로를 향해 끊임없이 기대하고 응답하게 하는 것, 이것이 바로 현대 사회에서 박물관의 역할이다.

열린 시각으로 세상을 바라보며

　동지중해 메나 박물관에는 특히 죽음 이후에 대한 고대인의 기대와 고뇌, 소망이 엿보인다. 고대 이집트인이 착념했던 바, 이생에서 저생으로 평안하게 옮겨지기를 바랐던 염원은 오늘날까지 잘 전달된다. 죽음은 온 인류의 최대 관심사이기 때문이다. 치열한 전투 장면이 새겨진 페니키아 지역의 육중한 알렉산더 석관은 영예롭게 죽음에 맞서려는 당당함을 후세에 전하려 한다. 그 당당함 앞에 같은 운명의 현대인은 숙연해질 수 밖에 없다. 6,000여 년 전 성행했던 뼈 상자ossuary가 4,000년을 초월하여 예수 시대에도 동일하게 사용되었다는 사실은 놀랍다. 뼈 상자에는 이름으로, 혹은 얼굴 조형으로 특정 개인이 드러난다. 뼈를 온전히 보전함으로써 부활을 꼭 이루겠다는 한 고대인의 집념이 현대인에게까지도 생생히 전달된다. 이란 지역의 소금 광산에서 홀로 쓸쓸히 죽어간 1,800년 전 '솔트맨'의 앙상한 미라는 그 비통한 인생을 애도해 달라고 후대에 간절히 요청하는 듯하다. 죽음 앞에 선 고대인의 심정이 오늘 우리의 그것과 그리 다른 것 같지 않다.

죽음만큼이나 강렬한 흔적을 남기는 고대의 또 다른 주제는 신앙이다. 방에서 향단을 지피고 은밀히 행하던 주술, 어린 아이의 목에 늘 차고 다니던 부적 목걸이 인형, 거대한 신전에서 소를 잡고 피를 뿌리는 의식 등 고대인은 보이지 않는 손의 도움을 간절히 붙잡고자 했다. 토기가 만들어지기 전, 농업이 아직은 초보 단계에 지나지 않았을 약 9,000년 전 요르단의 아인 가잘Ain Ghazal에서는 회반죽으로 만들어진 대형 인형 우상을 의례용으로 만들었다. 초월적 힘에 대한 인류의 갈구가 얼마나 오래 뿌리를 두고 있는지 보여주는 좋은 예다. 이후 수많은 토우와 토형으로 드러나는 풍요와 보호에 대한 고대인의 관심과 애정은 무수한 세대를 거쳐 팔레스타인 지역의 이스라엘 백성에게도 드러난다. 동지중해 메나 지역에서 동서 문명이 만나며 창조되는 제우스-암몬, 제우스-바알, 헤라클레스-멜카르트, 아프로디테-아스다롯 같은 하이브리드 신들의 조각상은 인류 문명사에 수많은 종교적 이합집산의 서막을 예고한다. 3,200여 년 전 엘람 지역의 평지 가운데 우뚝 세워졌다가 이제 허물어진 채 발견되는 초가 잔빌 지구라트의 폐허는 결국 인간의 노력만으로는 신을 만날 수 없다는 교훈을 현대인에게 전한다. 수많은 신들을 섬겼던 고대 이집트나 메소포타미아의 제의 유물은 오늘날에도 인도나 일본 같은 지역에서 유사한 영적 분위기를 소환한다.

동지중해 메나 박물관에서 제국의 흔적은 곧 정치투쟁과 전쟁의 흔적이다. 수많은 전승비, 승전 벽화, 건축물과 조각상은 왕의 권력이 후세에 영원히 기억되기를 기대한다. 이라크 박물관에서 보았던 화려한 아시리아 전시관이 그렇고, 이스라엘 박물관에서 보았던 아시리아 왕 산헤립의 라기스 점령 벽화가 그렇다. 이란 박물관의 아케메네스 왕조 궁전 계단과 웅장한 조형 기둥 장식, 그리고 이집트 박물관의 거대한 파라오 조각상은 그 통치자가 사라졌어도 영원히 소멸한 것은 아니라고 현대를 향해 일갈하는 듯하다.

그러나 한편으로, 권력의 무상과 인생의 허무를 감출 수 없다. 이스탄불 고대 근동 박물관의 이슈타르 문은 하늘의 별처럼 영원한 권력으로 기억되기를 소원하는 느부갓네살의 기대가 담겨 있다. 모든 박물관에서 볼 수 있었던 작지만 화려한 장신구와 인장은 다양한 시대의 통치 권력층이 가지는 명예와 자부심을 현대인에게 잘 전달한다. 2,000여 년 전부터 수백 년 동안 동지중해 메나 지역에 가장 선명하게 각인된 로마 제국의 흔적은 오늘날 동지중해 지역 모든 박물관에 생생히 남아 그 찬란했던 영광과 성취를 전한다. 이스라엘 벳샨 지역 인근에서 발견된 거대한 하드리아누스 황제의 청동상은 그가 그 누구도 넘볼 수 없는 팔레스타인의 주권자였음을 인증한다. 키프로스 박물관의 셉티미우스 세베루스 황제의 청동상은 동서양의 교통로를 장악했던 로마 제국의 위용을 현대에까지 전한다.

동지중해 메나 지역의 가장 이질적인 박물관 중 하나인 유대 민족 박물관은 오랜 기간 동안 인종, 종교, 문화의 담금질 속에서 창출되는 새로운 민족 모델의 방향을 제시하고 있다. 유대 민족 박물관에서 만나는 유무형의 유물과 가치는 유대인 뿐만 아니라 전 세계 공동체에 각자의 정체성을 발전적으로 계승하는 방식을 기대하고 요구한다. 이 요구가 현대를 사는 우리 모두에게 반향을 불러일으키기를 바란다.

박물관을 통해 바라보는 세상은 훨씬 더 넓고 자유로우며 이해심 넘치는 세상이다. 과거가 현대에 기대하는 바에 귀를 기울인다면 시대 간 공감이 이루어지고 지역 간 이해가 싹튼다. 훨씬 더 큰 공간에서 우리가 혼자가 아니었음을 느끼게 되고 현재의 우리를 성찰해 볼 수 있다. 경쟁과 이기주의가 본질같이 느껴지는 사회이지만, 영원을 놓고 볼 때 이 또한 부질없음을 깨닫기 때문이다.

칼릴 지브란Khalil Gibran의 시 "아이들에 대하여"는 현재에서 미래로 향한다. 그러나 박물관의 유물은 이를 개작하여 이렇게 속삭이는 것 같다.

당신의 과거는 당신의 과거가 아닙니다.
과거는 스스로를 열망해 왔던 삶의 흔적입니다.

과거는, 이 세상 모든 과거의 길을 걸어왔고
세상 모든 과거가 서서히 잊혀 가던 그 길을
걷게 될 것입니다.

과거에 당신의 관심을 줄 수는 있지만,
당신의 판단보다는
과거는 현재를 향한 그의 기대에
오늘 당신이 응답하기를 기다립니다.

박물관에서 이 깨달음을 잘 얻을 수 있기를 기대한다.

더 읽어보기

동지중해 메나지역 박물관 일반

Veenhof, K. R. (2015). *고대 오리엔트 역사: 알렉산더 대왕 시대까지* (배희숙, Trans.). 한국문화사.

Emberling, G. & Petit, L. P. (eds.) 2020. ***Museums and the Ancient Middle East: Curatorial Practice and Audiences*** (Routledge Research in Museum Studies). Routledge.

Schwartz, J. P. & Mejcher-Atassi, S. (eds.) (2016). ***Archives, Museums and Collecting Practices in the Modern Arab World***. Routledge.

이집트 박물관:

Bongioanni, A. & Croce, M. S. (eds.) (2001). ***The Treasures of Ancient Egypt from the Egyptian Museum in Cairo***. The Rizzoli Art Guides.

Aldred, C. (1980). ***Egyptian art: in the Days of the Pharaohs 3100-320 BC***. Thames and Hudson.

Saleh, M. & Sourouzian, H. (1987). ***The Egyptian Museum Cairo: Official Catalogue***. Verlag Philipp von Zabern.

이스라엘 박물관

길라 후르비츠 & 안성림. (1998). ***다윗의 도시와 성서의 세계: The City of David & the Bible Lands***. 중앙일보 & 예술의 전당.

Ben-Tor, A. (ed.) (1992). ***The Archaeology of Ancient Israel***. Yale University Press.

Dayagi-Mendels, M. & Rozenberg, S. (2010). ***Chronicles of the Land: Archaeology in the Israel Museum Jerusalem***. The Israel Museum, Jerusalem.

요르단 박물관

Adams, R. B. (ed.) (2008). *Jordan: An Archaeological Reader.* Equinox Publishing.

Bienkowski, P. (ed.) (1991). *Treasures from an Ancient Land: The Art of Jordan.* Alan Sutton Publishing.

베이루트 박물관

Jidejian, N. (2000). *Byblos Through the Ages.* Dar El-Machreq Publishers.

Moscati, S. (ed.) (2001). *The Phoenicians.* I.B. Tauris.

다마스쿠스 박물관

마스다 세이이치. (엮음) (1988). *시리아 국립박물관: 오리엔트 문명의 원류* (세계의 박물관 17). 한국일보사.

Akkermans, P. M. M. G. & Schwartz, G. M. (2003). *The Archaeology of Syria: From Complex Hunter-Gatherers to Early Urban Societies (ca. 16,000-300 BC)* (Cambridge World Archaeology). Cambridge University Press.

Weiss, H. (ed.) (1985). *Ebla to Damascus: Art and Archaeology of Ancient Syria.* Smithsonian Institution.

이라크 박물관

Roux, G. (2013). *메소포타미아의 역사* (전 2권) (김유기 Trans.). 한국문화사.

Polk, M. & Schuster, A. M. H. (eds.) (2005). *The Looting of the Iraq Museum, Baghdad: The Lost Legacy of Ancient Mesopotamia.* Abrams.

Frankfort, H. (1996). *The Art and Architecture of the Ancient Orient.* Yale University Press.

이란 박물관

곽동서 & 김현정 (eds.) (2008). **황금의 제국 페르시아: The Glory of Persia** (Special Exhibition 2008). 국립중앙박물관.

Yamauchi, E. M. (2010). **페르시아와 성경** (박응규, 이한영, 조용성, Trans.). 기독교문서선교회.

Potts, D. T. (1999). **The Archaeology of Elam: Formation and Transformation of an Ancient Iranian State** (Cambridge World Archaeology). Cambridge University Press.

키프로스 박물관

Knapp, A. B. (2013). **The Archaeology of Cyprus: From Earliest Prehistory through the Bronze Age** (Cambridge World Archaeology). Cambridge University Press.

Karageorghis, V. (1989). **The Cyprus Museum Nicosia** (A. H. Kromholz & S. F. Kromholz, Trans.). Epiphaniou Publications.

Karageorghis, V. (1998). **Greek Gods and Heroes in Ancient Cyprus**. Commercial Bank of Greece.

이스탄불 박물관

Alpay, P. (2001). **Istanbul Archaeological Museums**. A Turizm Yayinlari.

Sagona, A. & Zimansky, P. (2009). **Ancient Turkey** (Routledge World Archaeology). Routledge.

Steadman, S. R. & McMahon, G. (eds.) (2016). **The Oxford Handbook of Ancient Anatolia** (Oxford Handbooks). Oxford University Press.

아누 - 유대민족 박물관

최창모. 2005. **이스라엘사** (세계 각국사 시리즈). 대한교과서주식회사.

Kurzweil, A. (1994). *From Generation to Generation: How to Trace Your Jewish Genealogy and Family History.* HarperCollins.

Rosenak, M. (2001). *Tree of Life, Tree of Knowledge: Conversation with the Torah.* Westview.

박물관 홈페이지

이집트 박물관: https://egyptianmuseumcairo.eg/

이스라엘 박물관: https://www.imj.org.il/en

요르단 박물관: https://jordanmuseum.jo/

베이루트 박물관: https://www.facebook.com/BeirutMuseum

시리아 박물관 (가상 박물관):
https://virtual-museum-syria.org/damascus/

이라크 박물관: https://www.theiraqmuseum.com/index.html

이란 박물관: https://irannationalmuseum.ir/en/

키프로스 박물관:
http://www.culture.gov.cy/dmculture/da/da.nsf/All/67084F17382CF201C2257199001FE4AD?OpenDocument

이스탄불 박물관:
https://www.turkishmuseums.com/museum/detail/2066-istanbul-archaeological-museums/2066/4

아누-유대민족 박물관: https://www.anumuseum.org.il/

사진목차

동지중해 메나지역과 박물관
그림1. 동지중해 메나 지역의 국립 박물관 위치 | 21
그림2. 동지중해 메나 지역의 문명사 타임라인 | 24
사진1. 벧산-스키토폴리스 (이스라엘), 로마-비잔틴 시대 | 28

이집트 박물관
사진1. 이집트 박물관 전경 | 35
사진2. 카프레의 석상, 기원전 26세기 기자 출토 | 37
사진3. 셰이크 엘 발라드, 기원전 26-25세기 사카라 출토 | 38
사진4. 아텐을 묘사하는 아케나톤 무덤의 부조 벽화, 기원전 14세기 아마르나 출토 | 41
사진5. 투탕카멘의 황금가면, 기원전 14세기 룩소 출토 | 42
사진6. 메르네프타의 전승 석비 ('이스라엘 석비'), 기원전 3세기 룩소 출토 | 43
사진7. 메르네프타 석관의 누트 여신 부조, 기원전 13세기 룩소 출토 | 45
사진8. 파이윰 초상화, 서기 1세기-3세기 파이윰 일대 출토 | 47

이스라엘 박물관
사진1. 이스라엘 박물관 내 사해 사본관의 모습. | 53
사진2. 석동기 뼈 상자, 기원전 5천 년대-4천 년대 팔레스타인 중북부 지역 출토 | 57
사진3. 가나안 제의 유물, 후기 청동기 시대 하솔 출토 | 59
사진4. 가나안 시대 이집트풍의 토관군, 기원전 14세기-10세기 팔레스타인 중북부 지역 출토 | 61
사진5. 다윗 왕조 비문, 기원전 9세기 텔 단 출토 | 63
사진6. 라기스를 공격하는 장면을 묘사한 궁전 부조 복제본, 원본은 기원전 8세기-7세기 니네베 출토 | 65

사진7. "유다 총독 본디오 빌라도" 비문, 서기 1세기 가이사랴 출토 | 69
사진8. 고대 양피지 성경 사본 (쿰란 사해사본), 기원전 3세기-서기 1세기 쿰란 출토 | 71

요르단 박물관
사진1. 신석기 시대 회반죽 인형군, 기원전 8천 년대-6천 년대 아인 가잘 출토 | 83
사진2. 발루아 석비, 기원전 13세기-12세기 키르벳 알 발루아 출토 | 85
사진3. 모압 왕 메사의 기념 석비 복제본, 원본은 기원전 9세기 디본 출토 | 86
사진4. 나바티아 신전의 조디악 신상, 서기 1세기-2세기 키르벳 에드 다리흐 출토 | 88
사진5. 사해 구리사본, 서기 1세기 쿰란 출토 | 91
사진6. 요르단 박물관 전경 | 93

베이루트 박물관
사진1. 알파벳 석판을 든 페니키아 여성을 묘사한 부조, 현대 제작 | 98
사진2. 오벨리스크 신전의 소형 청동상들, 중기 청동기 시대 비블로스 출토 | 100
사진3. 아히람의 석관, 기원전 10-8세기 비블로스 출토 | 101
사진4. 페니키아 석관 컬렉션, 기원전 4세기 시돈 출토 | 102
사진5. 아킬레우스 석관, 서기 2세기 두로 출토 | 104
사진6. 베이루트 박물관 전경 | 107

다마스쿠스 박물관
사진1. 우마이야 왕조의 성채로 장식한 다마스쿠스 박물관 입구 모습 | 112

사진2. 신전 봉헌 인물상, 기원전 24세기 마리 출토 | 115
사진3. 알라트 신전의 거대 사자 석상, 서기 2세기 팔미라 출토 | 119
사진4. 야르하이 가족묘, 서기 2세기 팔미라 출토 | 121
사진5. 두라 에우로포스 유대인 회당의 벽화, 서기 3세기 두라 에우로포스 출토 | 123

이라크 박물관
사진1. 우룩 화병, 기원전 30세기 우룩 출토 | 133
사진2. 아카드 왕의 구리 두상, 기원전 23세기 니네베 출토 | 135
사진3. 사르곤 2세의 궁전 부조, 기원전 8세기 코르사바드 출토 | 139
사진4. 살마네세르 3세의 블랙 오벨리스크 복제본, 원본은 기원전 9세기 님루드 출토 | 141
사진5. 님루드 상아 조각, 기원전 9세기-7세기 님루드 출토 | 142
사진6. 이라크 박물관 전경 | 147

이란 박물관
사진1. 이란 박물관 전경 | 152
사진2. 흑등소 모양의 토우, 기원전 13세기-12세기 초가 잔빌 출토 | 155
사진3. 다리우스 1세의 석상, 기원전 6세기-5세기 수사 출토 | 157
사진4. 아케메네스 페르시아 궁전의 북쪽 계단 부조, 기원전 6세기-5세기 페르세폴리스 출토 | 159
사진5. 아케메네스 페르시아 궁전의 기둥 머리 장식, 기원전 6세기-5세기 페르세폴리스 출토 | 160
사진6. 파르티아 청동 전사상, 기원전 2세기-서기 2세기 샤미 출토 | 162

키프로스 국립박물관
사진1. 구리괴를 밟고 선 남성 신상, 기원전 12세기 엔코미 출토 | 174

사진2. 미케네 형태 토기, 기원전 13세기 엔코미 출토 | 177
사진3. 아이야 이리니 신전의 토우군, 기원전 7세기-5세기 아이야 이리니 출토 | 179
사진4. 아프로디테 조각상, 기원전 1세기 솔리 출토 | 181
사진5. 세베루스 청동상, 서기 3세기 키테라 출토 | 183
사진6. 키프로스 박물관 전경 | 185

이스탄불 박물관
사진1. 이스탄불 고고학 박물관 전경 | 190
사진2. 알렉산더 석관, 기원전 4세기 시돈 출토 | 192
사진3. 그리스 신상군, 대부분 고전 및 헬라 시대 원형을 로마 시대에 복제 | 193
사진4. 트로이 유적, 사진 왼쪽이 지층 7 성벽, 기원전 13-10세기 | 194
사진5. 실로암 비문, 기원전 8세기 예루살렘 출토 | 197
사진6. 히타이트-이집트 평화 조약 문서 (아래), 기원전 13세기 하투샤 출토 | 199
사진7. 신히타이트 왕(또는 신)의 석상, 기원전 9세기 진지를리 출토 | 201
사진8. 이슈타르 문 진입로의 부조 벽화, 기원전 6세기 바빌론 출토 | 202

아누-유대민족 박물관
사진1. 아누-유대민족 박물관 전경, 사진 왼쪽 건물 | 209
사진2. 유대인 음악 섹션 | 213
사진3. 유대 공동체 소개 전시관 | 214
사진4. 아이디어가 자라나는 모습을 형상화한 모델 | 217
사진5. 유대 회당 모델 | 219
사진6. 14세기 프랑스에서 제작된 바빌론 탈무드 | 220